BeagleBone Black을 사용한 Yocto 프로젝트

BeagleBone Black을 사용한 Yocto 프로젝트

이르판 사디크 지음 | 배창혁 옮김

[PACKT] PUBLISHING i!i 에이콘

하즈라트아크다스 샤 사에드 아마드 라이푸리(RA)에게 이 책을 바칩니다.
그는 제가 어떤 상황에서도 확신할 수 있게 해준 유일한 사람입니다.

추천의 글

나의 리눅스 테스트 경험에 비춰보건대, 그간 나는 내가 매우 도전적인 임베디드 리눅스로 작업을 해왔다는 사실을 발견했다. 다양한 사용자 공간과 커널 설정이 필요한 여러 기능을 갖춘 다양한 아키텍처와 크로스 컴파일, 디바이스 등은 그저 몇 가지 예일 뿐이다. 욕토 프로젝트Yocto Project는 임베디드 개발자들에게 이러한 도전 이상의 많은 것을 극복하게 해준다. 메이크make를 사용하거나 직접 설정하는 방법 대신, 비트베이크BitBake를 사용하면 소스코드를 다운로드해서 예제 파일에 설치하고, 사용자의 추상 레이어를 생성하기까지의 모든 단계에 응용할 수 있다.

오늘날 임베디드 리눅스는 셋탑박스, IPTV, 기내 인포테인먼트 시스템 등 모든 곳에서 사용한다. 벤더들이 서로 다른 목적의 리눅스를 사용하기 위한 표준을 정의하고 있는 제니비GENIVI와 CGLCarrier Grade Linux도 임베디드 리눅스의 오픈소스 역량을 활용하는 곳이다.

이 책의 저자인 이르판 사디크H M Irfan Sadiq는 오픈임베디드OpenEmbedded와 욕토 프로젝트로 업무를 수행하고 있다. 사디크는 스크립트와 테스트 자동화에 흥미가 많으며, 테스트 자동화 프로젝트에서 중요한 역할을 하고 있다. 나의 지도하에, 사디크는 욕토 프로젝트를 기반으로 테스트 관련 문제를 해결하기 위해 다양한 솔루션을 개발하고 있다.

욕토 프로젝트는 꽤 복잡한 개념이고 새로운 사용자가 위압감을 느낄 수도 있다. 욕토 프로젝트에서 사용하는 대부분의 것은 고급 수준의 개념이다. 하지만 이 책은 기본 개념부터 시작함으로써 사용자가 천천히 고급 개념에 익숙해지도록 쓰여져 있다.

이 책은 욕토 프로젝트를 종합적으로 소개한다. 저렴한 가격으로 구매할 수 있는 욕토 프로젝트 레퍼런스 보드인 비글본을 예제로 해 욕토 프로젝트를 설정하고, 기본 이미지를 빌드하는 것부터 커스텀 이미지를 만드는 방법을 다루는 고급 주제까지 하나씩 설명한다. 또한 기존 애플리케이션을 이용해서 파일 시스템에 자신만의 애플리케이션을 추가하는 방법도 설명한다. 뒷부분에서는 리눅스와 욕토 프로젝트 전체를 사용해 비싸지 않은 비글본으로 집안 감시 시스템, 콘솔 게임, 와이파이 핫스팟 등을 만드는 방법을 설명한다.

여러분이 리눅스를 사용한 임베디드 솔루션을 개발하는 데 관심이 있으면, 이 책은 상당히 유용한 정보를 제공할 것이다. 이미 욕토 프로젝트를 가지고 일을 하고 있는 개발자라면, 여러 가지 개념을 배우고, 욕토 프로젝트를 전체적으로 이해하는 데 도움이 될 것이다.

이 책을 즐겁게 읽기를 바란다!

쿨라 아즈미Khula Azmi
멘토 그래픽스 QA 엔지니어 매니저

지은이 소개

이르판 사디크H M Irfan Sadiq

대학원 시절부터 리눅스의 열광적인 팬이었다. 임베디드 리눅스 시스템 개발 엔지니어로 일을 시작했고, H.264 디코더 개발과 VLIW 아키텍처를 최적화하는 일을 하고 있다. 또한 상용과 오픈소스의 지적재산권이 있는 다양한 멀티미디어 프레임워크 업무를 한 경험이 있다. 웹 개발의 전체 영역을 다루는 신생 기업에서도 일했다. 2010년 테크니컬 리더로 멘토 그래픽스에서 근무하기 시작하면서, 오픈임베디드와 욕토 프로젝트로 일을 하기 시작했다. 4년 넘게 욕토 프로젝트와 오픈임베디드의 파생 기술을 이용해 일을 했다. ARM, PPC, x86 아키텍처 기반의 다양한 하드웨어에서 일을 한 경험도 있으며, 차세대 BSP의 다양한 특징을 지니는 업무의 QA 분야에 도전하고 있다. 여러 제품과 플랫폼에 조합해 적용하는 것과 같이 하나의 공간에서 QA 패키지를 유지하는 것도 도전과제 중 하나다. 조정자나 유지관리자로서 새로운 욕토 프로젝트 기반 층을 만들기 위해 늘 고심한다.

감사의 글

세상에는 다른 사람과 협업하지 않고 완성되는 일은 아무것도 없다. 나는 이 책의 출간을 위해 도와주신 모든 분께 어떻게 감사의 말씀을 드려야 할지 모르겠다.

이 책을 제안받았을 때, 나는 내가 이것을 할 수 있는지 확신할 수 없었다. 맨 처음 친한 친구와 전 동료 샤히드 리아즈가 집필을 시작하도록 나를 격려해 주었다. 또한 나의 멘토 하즈라트 아크다스 샤흐 압둘 칼리크 아자드 라이푸리도 동기를 부여해줬지만, 나는 여전히 이 책을 쓰는 것에 대해 확신을 할 수 없었다. 그의 말은 항상 영감의 원천이 되었고, 나는 그의 염원과 알라의 은총으로 자신감을 가지고 이 책을 완성했다.

내 책의 개요를 리뷰해준 샤히드 리아즈와 그의 전 동료 굴리아 포리에게 감사한다.

책을 쓰는 동안, 도움을 주고 지원해준 파키스탄의 멘토 그래픽스 동료들인 우자마 마수드, 아바스 라자, 에흐선 후세인, 아델 아샤드에게 감사한다. 또한 함께 작업했던 팩트출판사분들께 감사한다. 소날리 버나커(계약 편집자)는 내게 처음 연락을 해온 사람이었다. 그녀는 이 책을 기획하며 나를 저자로 선택했다. 마마타 워커(콘텐츠 개발 편집자), 사기르 파카, 시프라 차우한(프로젝트 진행자), 에드윈 모세스(기술 편집자)와 함께 일하는 동안 즐거웠다. 마마타 워커는 이 모든 것을 관리하고 연락해줬다. 이들의 협조와 도움에 감사한다.

책을 쓰기 위해 딸이 잠들기를 기다려야 했지만, 나를 많이 배려해준 아내, 아들, 딸에게 감사한다.

기술 감수자 소개

다니엘 가르밴조 이달고 Daniel Garbanzo Hidalgo

TEC Tecnoló gico de Costa Rica에서 전자 공학을 전공하는 학생이다. 21세이며, 스페인어와 영어를 할 수 있고, 시카고 코스타리카에 살고 있다. 관심 분야는 전자, 로봇, 기술이다. 이런 이유로 전자 공학을 공부하고 있다. 전자 시스템 솔루션 회사인 EMSYS Innovations의 공동 창업자이자 개발자다. 임베디드 시스템 개발, 디지털 시스템, 디자인, 베릴로그 하드웨어 표현 언어, 여러 가지 프로그래밍 언어(C, C++, C#, 파이썬, 어셈블러), 욕토 프로젝트와 리눅스에 대한 지식과 경험이 있다.

그가 작업한 가장 중요한 프로젝트로는 FPGA에 하드웨어 표현 언어로 개발한 기본적인 2D와 3D GPU가 있고, 비글본 블랙에서 욕토 프로젝트와 리눅스로 개발한 커스터마이즈 운영체제상에서 돌아가는 클래식 SENS 콘솔을 빌드하는 작업도 했다. 또한 아두이노와 비글본에서 작은 프로젝트를 많이 했다.

내 지역의 가장 좋은 공학 대학교에서 꿈을 이루기 위해 공부할 기회를 주고, 항상 곁에서 지원해주신 부모님께 감사드린다.

9

누르 아산 카와자 Noor Ahsan Khawaja

엔지니어 관리자로 멘토 그래픽스에서 일하고 있으며, 12년 동안 소프트웨어 분야에서 근무 중이다. 멘토 그래픽스에서 코드 생성, 어셈블러, 링커 업무를 하는 컴파일러 엔지니어로 시작했다. 2009년에 멘토 임베디드 리눅스 배포판 용 오픈임베디드를 시작했다. 이후 오픈임베디드는 욕토 프로젝트로 바뀌고, 욕토 프로젝트와 오픈임베디드 커뮤니티에 기여하고 있다. meta-mentor로 불리는 멘토 그래픽스 오픈소스 레이어를 관리하고 있다. 이 레이어에서 멘토 그래픽스의 리눅스 배포판에 추가/수정을 원하는 기능에 대한 대한 변화를 관리한다. ARM, Power, x86 기반 보드용 욕토 프로젝트 기반 리눅스 배포판 작업을 하고 있다.

이 책의 저자이자 리뷰어로 나를 소개해준 이르판 사디크에게 감사한다. 그는 나에게 이 책을 완성하고 좀 더 성숙한 단계로 가기 위해 리뷰할 수 있는 기회를 주었다.

엘랑고 팔라니사미 Elango Palanisamy

첸나이에 있는 애너Anna 대학교에서 전자통신 공학 학사 학위를 받았다. 현재 같은 학교에서 임베디드 리눅스 기술 관련 석사 과정을 이수 중이다.

가전 제품, 드라이버 개발, 열전사 프린터와 자동차 멀티미디어 관련 센서에서 최적화 관련 펌웨어, 보드 브링업, 전원 관리 경력이 있다. TI, 프리스케일, 아트멜Atmel 보드에서 욕토 프로젝트와 빌드 루트 같은 빌드 툴을 사용한 경험도 있다.

현재 포실셰일 임베디드 테크놀로지Fossilshale Embedded Technologies Pvt Ltd 사에서 플랫폼 지원 엔지니어로 일을 하고 있다.

먼저 부모님께 감사드린다. 특히 나를 물심양면으로 지원해 이 자리에 있게 해주신 아버지께 감사한다. 나를 이 분야에 들어설 수 있도록 훌륭한 기회를 준 시디끄 아흐 메드와 비그네쉬 라예드란에게도 감사한다. 또한 이 책의 리뷰에 도움을 준 친구 사 티아 프리아 쿠마에게도 감사의 말을 전한다.

안쿠르 라메쉬찬드라 탱크Ankur Rameshchandra Tank

인도 방갈로르에 기반이 있고, 현재 L&T 기술 서비스에서 일하고 있다. C/ C++, 임베디드 리눅스 커널, 사용자 공간 프로그래밍, 욕토 프로젝트, 배시와 파이썬 스크립트, 디자인 패턴에 관심이 있다.

장치와 제어 공학 학사 학위가 있으며, 'Non-contact type metal sheet thickness measurement using 8051' 프로젝트를 하면서, 대학 시절 로우레 벨 드라이버와 시스템 내부 구조에 흥미를 가지기 시작했다. 현재 임베디드 시 스템 디자인 분야에 관한 석사 과정을 밟고 있으며, 연구 중에 리눅스 디바이스 드라이버와 비글본 보드 개발에 관심을 갖게 되었다. 리눅스 드라이버와 비글본 보드 개발 관련 영역을 중심으로 석사 학위 프로젝트를 진행하고 있다.

이 훌륭한 책을 리뷰하는 동안 즐거운 시간을 보냈고, 나에게 모든 지원을 해준 부모님과 친구들에게 감사한다.

미하일 자하로프 Mikhail Zakharov

코그니티브 시스템즈Cognitive Systems Corporation 사에서 무선 펌웨어 개발자로 일하고 있다. 과거에 임베디드 펌웨어 개발자로 블랙베리, 퀄컴, 온 세미컨덕터ON Seminconductor에서 일했다. 캐나다 워털루Waterloo 대학교에서 컴퓨터 엔지니어링 학사 학위를 받았고, 통신 기술, 하드 실시간 임베디드 시스템, FPGA/ASIC 개발에 관심이 있다.

옮긴이 소개

배창혁

현재 LG전자 소프트웨어 플랫폼 연구소에서 빌드/시스템 엔지니어로 근무하면서 SCM 관련 업무를 하고 있다. 오픈임베디드 meta-gir의 메인테이너, 오픈임베디드 TSCTechnical Steering Committee 멤버로 활동하고 있으며, LG전자를 대표해 욕토 프로젝트 이사회 멤버로 참여하고 있다. 에이콘출판사의 『Yocto 프로젝트를 활용한 임베디드 리눅스 개발』(2014)을 번역했다. 이메일 주소는 locust2001@gmail.com이며 DDURI'S Blog라는 사이트(http://www.yocto.co.kr/)도 운영하고 있다.

가장 먼저, 저를 항상 응원해주는 사랑하는 아내 승희와 매일 집에서 행복을 만끽하게 해주는 세 살배기 딸 소은이에게 진심으로 감사의 말을 전하고 싶습니다. 그리고 언제나 든든하게 지원해주는 가족들과 많은 관심을 가져준 회사 동료들에게도 감사의 인사를 드립니다. 마지막으로 흔쾌히 번역 제안에 응해준 에이콘출판사에도 감사드립니다.

옮긴이의 말

소비자 가전CE, Consumer Electronic, 차량용 인포테인먼트 시스템IVI, In-Vehicle Infotainment, 사물인터넷IoT, Internet of Things 등 점차 많은 분야에서 임베디드 리눅스가 사용되고 있다. 욕토 프로젝트는 커스텀 임베디드 리눅스를 만들기 위한 다양한 템플릿, 툴, 방법을 제공하는 오픈소스 협업 프로젝트다. 기존에는 커스텀 임베디드 리눅스를 만들기 위해서 맨땅에서 시작해 많은 비용과 시간이 들었지만, 욕토 프로젝트를 사용하면 쉽고 빠르게 저렴한 비용으로 만들어 낼 수 있다.

ENEA, 몬타비스타, 윈드리버 등 상용 임베디드 리눅스를 포함해 IVI 분야에서의 GENIVI, AGL 그리고 IoT 분야까지 임베디드 리눅스를 사용하는 많은 분야에서 욕토 프로젝트를 사용하고 있다. 국내에서는 LG webOS, 차량 전장 업체의 플랫폼, 기타 가전 플랫폼 등에서 사용하고 있으며, 타이젠TIZEN도 점차 욕토 프로젝트를 채택하는 범위를 확대해 나가려고 하고 있다.

또한 인텔, 프리스케일, 텍사스 인스트루먼트 등과 같은 업체들도 욕토 기반으로 BSP를 릴리스하고 있을 뿐 아니라, 라즈베리 파이, 비글본 블랙, 미누보드 등과 같은 거의 모든 개발보드에서 욕토 프로젝트 기반으로 임베디드 리눅스를 빌드할 수 있도록 환경을 제공하고 있다.

이렇듯 점차 다양한 분야에서 임베디드 리눅스를 개발하기 위해 욕토 프로젝트를 사용하고 있고, 지원하는 범위도 넓어지고 있다. 앞으로 발전 가능성이 무궁무진한 분야이기 때문에 알아두면 정말 유용하다.

이 책에서는 욕토 프로젝트를 사용해 비글본 블랙에서 임베디드 리눅스를 개발하는 방법에 대해 소개한다. 욕토 프로젝트의 기본 개념을 간단하게 다룬 후, 예제를 통해 여러 가지 프로젝트를 비글본 블랙 보드에서 개발하는 방법을 설명한다. 이 책을 읽으면, 자신만의 개발 프로젝트를 비글본 보드에 욕토 프로젝트를 사용해 개발할 수 있는 기본 역량을 쌓을 수 있다. 하지만 욕토 프로젝트에 대한 기본적인 개념과 문법에 대해 익히고 싶다면,『Yocto 프로젝트를 활용한 임베디드 리눅스 개발』(에이콘출판사, 2014)을 먼저 읽을 것을 추천한다.

배창혁

차 례

5장 레이어 생성과 분석

8장 무선 액세스 포인트로 비글본 사용   149

들어가며

이 책은 욕토 프로젝트를 새로 접하는 개발자를 교육하기 위한 목적으로 쓰여졌고, 하드웨어는 비글본을 사용한다.

이 책은 독자의 참여를 이끌어 내는 것을 최우선으로 했다. 첫 장을 끝까지 따라해 보면, 독자들은 욕토 프로젝트를 통해 빌드한 것이 비글본에서 돌아가는 것을 볼 수 있고, 이것으로 호스트에서 더 많은 실험을 하도록 준비할 수 있다. 초기에는 다양한 시나리오를 통해 배우도록, 변경할 때 중복을 피하고 시간을 절약해 기능이 빨리 돌아가도록 기존의 예제와 욕토 프로젝트 스크립트로 만들어진 프로젝트를 사용한다. 사용할 수는 있지만 이해하는 데 도움이 안 되고 오해의 소지가 있으므로 그래픽 툴은 사용하지 않는다. 또한, 그래픽 툴 사용은 가끔 사용자 수정사항을 재정의해 혼란을 야기시킬 수도 있다.

이 책을 끝까지 읽으면, 욕토 프로젝트와 비글본 기반의 전문적인 프로젝트를 진행하기 위해 필요한 기술과 경험을 얻을 수 있다.

이 책의 구성

1장, 욕토 프로젝트와 비글본 블랙 시작 사용자가 간단한 명령어로 욕토 프로젝트를 사용해 빌드된 이미지를 가지고 비글본을 부팅할 수 있게 한다.

2장, 비트베이크의 모든 것 비트베이크 툴의 기본적인 내용을 소개한다.

3장, helloworld 예제 생성 포키Poky에서 helloworld 예제를 사용하는 것에 대해 설명한다. 이 장에서는 예제의 기본 요소를 소개하기 위해 helloworld 예제를 사용한다.

4장, 비글본 보드에 멀티미디어 추가 욕토 프로젝트 예제에서 가장 흔히 접하는 요소와 사용법에 대해 자세히 설명한다.

5장, 레이어 생성과 분석 기존 레이어에서 사용할 수 있는 예제 파일의 기능을 재정의하는 방법에 대해 설명한다. 또한 각 기술의 장단점에 따라 서로 다른 시나리오에 적용할 수 있는 다양한 기술들에 대해 알아본다.

6장, 콘솔 게임 팩맨 같은 인기 있는 콘솔 게임의 예제를 만들기 위한 내용을 다룬다.

7장, 집안 감시 시스템을 위한 비글본 튜닝 비글본과 욕토 프로젝트를 사용해 고급 프로젝트를 만드는 방법에 대해 설명한다. 또한 비글본의 USB 포트에 웹캠을 달아서 집안 감시 솔루션을 만들어 본다.

8장, 무선 액세스 포인트로 비글본 사용 비글본과 욕토 프로젝트를 사용해 한층 진보된 프로젝트를 만드는 방법에 대해 설명한다. 여기서 비글본 보드는 USB 동글을 사용한 무선 액세스 포인트가 된다.

준비사항

이 책에서는 파이썬을 사용한다. 우분투 12.04나 14.04가 돌아가는 상당히 강력한 성능의 컴퓨터가 필요하다. 컴퓨터에 다음 소프트웨어를 다운로드하고 설치하자.

● 파이썬 버전 2.7 이상(파이썬 3.x 버전은 사용하지 않는다)

이 책의 대상 독자

이 책은 임베디드 시스템 관련 지식과 경험이 있는 시스템 개발자들을 대상으로 한다. 욕토 프로젝트 빌드 시스템 지식은 없지만 비글본 블랙에 대한 지식은 있다고 가정한다.

편집 규약

정보의 종류를 구분하기 위해 여러 가지 편집 규약을 사용했다. 각 사용 예와 의미는 다음과 같다.

본문에서 코드 단어는 다음과 같이 표시한다.

"이 예제에서 SRC_URI 변수를 보여준다."

코드 블록은 다음과 같이 표시한다.

```
do_<taskname>() {
    :
}
```

명령행 입력이나 출력은 다음과 같이 표시한다.

```
# cp /usr/src/asterisk-addons/configs/cdr_mysql.conf.sample
    /etc/asterisk/cdr_mysql.conf
```

 경고나 중요한 노트는 박스 안에 이와 같이 표시한다.

 팁과 트릭은 박스 안에 이와 같이 표시한다.

독자 의견

독자로부터의 피드백은 항상 환영이다. 이 책에 대해 무엇이 좋았는지 또는 좋지 않았는지 소감을 알려주기 바란다. 독자 피드백은 독자에게 필요한 주제를 개발하는 데 매우 중요하다.

일반적인 피드백을 우리에게 보낼 때는 간단하게 feedback@packtpub.com으로 이메일을 보내면 되고, 메시지의 제목에 책 이름을 적으면 된다. 여러분이 전문 지식을 가진 주제가 있고, 책을 내거나 책을 만드는 데 기여하고 싶으면 www.packtpub.com/authors에서 저자 가이드를 참조하기 바란다.

고객 지원

팩트출판사의 구매자가 된 독자에게 도움이 되는 몇 가지를 제공하고자 한다.

예제 코드 다운로드

예제 코드는 https://github.com/YoctoForBeaglebone/에서 직접 다운로드할 수 있다. 만일 추가하고 싶으면 무엇이든 자유롭게 추가할 수 있다. 저장소에 무언가를 추가하려면 저장소에 직접 올리지 말고, 깃허브에서 제공하는 깃 풀 리퀘스트git pull request 메커니즘을 사용하라. 또한 에이콘출판사의 도서정보 페이지인 http://www.acornpub.co.kr/book/beaglebone-black-yocto에서도 예제 코드를 다운로드할 수 있다.

오탈자

내용을 정확하게 전달하기 위해 최선을 다했지만, 실수가 있을 수 있다. 팩트출판사의 책에서 코드나 텍스트상의 문제를 발견해서 알려준다면 매우 감사하게 생각할 것이다. 그런 참여를 통해 다른 독자에게 도움을 주고, 다음 버전에서 책을 더 완성도 있게 만들 수 있다. 오자를 발견한다면 http://www.packtpub.com/support를 방문해 이 책을 선택하고, 정오표 제출 양식을 통해 오류 정보를 알려주기 바란다. 보내준 내용이 확인되면 웹사이트에 그 내용이 올라가거나, 해당 서적의 정오표 섹션에 그 내용이 추가될 것이다. http://www.packtpub.com/support에서 해당 타이틀을 선택하면 지금까지의 정오표를 확인할 수 있다. 한국어판은 에이콘출판사 도서정보 페이지 http://www.acornpub.co.kr/book/beaglebone-black-yocto에서 찾아볼 수 있다.

저작권 침해

저작권 침해는 모든 인터넷 매체에서 벌어지고 있는 심각한 문제다. 팩트출판사에서는 저작권과 라이선스 문제를 아주 심각하게 인식하고 있다. 어떤 형태로든 팩트출판사 서적의 불법 복제물을 인터넷에서 발견했다면 적절한 조치를 취할 수 있게 해당 주소나 사이트 명을 즉시 알려주길 부탁한다. 의심되는 불법 복제물의 링크를 copyright@packtpub.com으로 보내주기 바란다. 저자와 더 좋은 책을 위한 팩트출판사의 노력을 배려하는 마음에 깊은 감사의 뜻을 전한다.

질문

이 책에 관련된 질문이 있다면 questions@packtpub.com을 통해 문의하기 바란다. 최선을 다해 질문에 답해 드리겠다. 한국어판에 관한 질문은 이 책의 옮긴이나 에이콘출판사 편집팀(editor@acornpub.co.kr)으로 문의해주길 바란다.

1

욕토 프로젝트와
비글본 블랙 시작

이 장에서는 비글본 블랙BeagleBone Black을 동작시키기bring up 위해 욕토 프로젝트Yocto Project를 사용하는 방법을 설명한다. 욕토 프로젝트를 사용하기 위한 호스트 환경 설정, 이미지 생성, 비글본 하드웨어 설정에 필요한 단계도 설명한다. 또한 보드에 최종 이미지를 넣기 위해 SD 카드를 설정하는 방법에 대해서도 설명한다. 비글본은 욕토 프로젝트의 레퍼런스 보드 중 하나이기 때문에 쉽게 사용할 수 있다. 포키Poky[1]의 README.hardware 파일에 비글본 하드웨어를 설정하는 핵심 단계들이 설명되어 있다. 욕토 프로젝트 레퍼런스 매뉴얼에도 많은 정보가 있다. 그렇다면 이 장에서는 무엇을 알아볼 것인가? 포키의 README 파일에서 설명하는 단계들은 사전 지식이 있다고 가정하고 작성되어 있으며, 가끔 유용하지 않은 사용 방법도 다루고 있다. 이 장에서는 이런 내용들을 단순화하여 설명하면서 욕토 프로젝트에서의 환경 설정을 살펴보고,

---

1 포키는 욕토 프로젝트의 레퍼런스 시스템이다. – 옮긴이

이 환경 설정 파일을 이해할 수 있도록 구성되어 있다.

- 호스트 환경 설정
- 욕토 프로젝트 입수
- 비글본 빌드
- 환경 설정 파일 학습

호스트 환경 설정

욕토 프로젝트 소스를 다운로드하고 빌드를 시작하기 전에, 호스트 시스템을
준비해야 한다. 욕토 프로젝트는 잘 알려진 대부분의 리눅스 배포판에서 사용
할 수 있다. 욕토 프로젝트 레퍼런스 매뉴얼(http://www.yoctoproject.org/docs/
current/ref-manual/ref-manual.html#intro-requirements)에 보면 지원하는 배포
판 리스트가 있다. 여기에 리스트가 없다고 해서 욕토 프로젝트에서 동작하지
않는다는 것은 아니지만, 리스트에 있는 배포판은 정상 동작이 확인된 것이다.

- 우분투Ubuntu 12.04(LTS)
- 우분투 13.10
- 우분투 14.04(LTS)
- 페도라 릴리스Fedora release 19(슈뢰딩거 캣Schrodinger's Cat)
- 페도라 릴리스 20(하이젠버그Heisenbug)
- CentOS 릴리스 6.4, 6.5
- 데비안Debian GNU/리눅스 7.0, 7.1, 7.2, 7.3, 7.4(위지Wheezy)
- 오픈수세openSUSE 12.2, 12.3, 13.1

이 책에서는 우분투 14.04(LTS) 기준으로 설명하고, 포키 데이지daisy 1.6.1 버전을 사용한다.[2] 욕토 프로젝트를 사용하기 위해 필요한 패키지 의존성은 다음 4가지 하위 카테고리들로 나누어진다.

필수

욕토 프로젝트를 빌드하기 위해서는 GNU 컴파일러, 버전 관리 시스템과 같은 핵심 툴과 호스트의 빌드 환경을 위한 패키지들이 필요하다. 다음은 이 필수 툴을 설치하기 위한 명령어이다.

```
$ sudo apt-get install gawk wget git-core diffstat unzip texinfo \
multilib build-essential chrpath
```

그래픽

그래픽 지원이나 이클립스 IDE를 사용하려면 다음 패키지들이 필요하다.

```
$ sudo apt-get install libsdl1.2-dev xterm
```

문서

욕토 프로젝트 문서를 빌드하려면 다음 패키지들이 필요하다.

```
$ sudo apt-get install make xsltproc docbook-utils fop dblatex xmlto
```

---

2 이 책이 번역될 때 릴리스된 최신 욕토 프로젝트 버전은 제스로(jethro) 2.0이다. - 옮긴이

ADT 설치

애플리케이션 개발 도구_{ADT, Application Development Toolkit}를 빌드하려면 다음 패키지들이 필요하다.

```
$ sudo apt-get install autoconf automake libtool libglib2.0-dev
```

이전 언급한 목록에 있는 다른 리눅스 배포판을 사용하고 있으면 데비안 배포판에서 사용하는 비슷한 명령어를 사용할 수 있다. 다른 배포판에 대한 것은 욕토 레퍼런스 매뉴얼을 참고하면 된다.

욕토 프로젝트 입수

욕토 프로젝트 버전 1.6.1인 포키의 데이지 브랜치를 사용한다. 욕토 프로젝트를 다운로드하기 위한 단계는 다음과 같다.

1. 우선 yocto 디렉토리를 생성한다.

   ```
   $ mkdir yocto
   ```

2. 새로 생성된 디렉토리로 이동한다.

   ```
   $ cd yocto
   ```

3. 포키 소스를 다운로드한다.

   ```
   $ git clone -b daisy git://git.yoctoproject.org/poky.git
   ```

4. poky 디렉토리로 이동한다.

   ```
   $ cd poky
   ```

다음 단계로 가기 전에 ls 명령어로 다운로드된 디렉토리 내용을 보고 시작할 준비를 한다.

비글본 빌드

poky 디렉토리 내용을 보면 *nix(유닉스, 리눅스 등) 시스템에 있는 새로운 기술이나 패키지로 작업을 하는 대부분의 경우 터미널에서 실행 가능한 것을 알 수 있다. oe-init-build-env 파일은 빌드 환경을 구성하게 한다. 다음과 같이 이 스크립트는 source 명령어로 실행하고 인자로 빌드 디렉토리를 설정한다.

```
$ source oe-init-build-env build_bbb
```

build_bbb 위치에 오는 인자는 개발자가 원하는 어떤 것이든 될 수 있다. 다음 예제에서, 간단하게 bbb를 사용하고 싶었지만 나의 Git Aware Prompt와 충돌이 나서 bbb를 사용할 수 없었다. .gitignore 파일을 보면 "build*"가 정의되어 있다는 것을 알 수 있다. 그래서 build가 붙은 디렉토리 접두어는 깃git에서 무시된다. 이 명령어는 새로 추가되는 빌드 디렉토리에서 사용될 수 있다. 다음 단계로 넘어가기 전에 이 디렉토리에 대해 알아볼 필요가 있다. 여기 conf라는 하위 디렉토리가 있고 그 안에 bblayers.conf와 local.conf라는 두 개의 파일이 있다. 다음 장에서 bblayers.conf에 대해서 알아볼 것이다. 지금부터 local.conf의 내용에 대해 살펴본다.

local.conf

우선 서로 관련 있는 다음 두 옵션에 대해 설명한다. 이 옵션은 실제 욕토 프로젝트 내 있는 비트베이크bitbake에서 병렬 빌드 레벨을 결정할 때 사용한다. 두 옵션은 다음과 같다.

- ```
  BB_NUMBER_THREADS ?= "${@oe.utils.cpu_count()}"
  ```

- ```
  PARALLEL_MAKE ?= "-j ${@oe.utils.cpu_count()}"
  ```

이 파일에서 앞의 형식과 같이 다음에 있는 두 변수를 찾을 수 있다.

```
#BB_NUMBER_THREADS ?= "4"
#PARALLEL_MAKE ?= "-j 4"
```

이 변수들은 빌드할 때 비트베이크에서 사용할 수 있는 최대한의 스레드 수와 병렬로 실행할 수 있는 태스크 수를 의미한다. 대부분의 욕토 프로젝트 매뉴얼과 블로그는 개발자 시스템에서 이용할 수 있는 코어 개수와 동일하게 하라고 말한다. 하지만 나의 경험상 다음 주어진 공식이 최대한의 처리량을 보여준다.

```
BB_NUMBER_THREADS ?= "1.5 * 코어 개수"
PARALEL_MAKE ?= "-j 2 * 코어 개수"
```

16 코어의 서버에서 24와 32의 조합을 사용할 수 있다. 반면 8 코어의 머신이면 12와 16코어 그리고 4코어 머신이면 다음과 같이 6과 8의 조합으로 사용할 수 있다.

```
BB_NUMBER_THREADS ?= "6"
PARALLEL_MAKE ?= "-j 8"
```

 이 변수를 설정할 때 PARALLEL_MAKE에서 -j n을 사용하는 것을 잊어서는 안 된다. 그렇지 않으면 에러가 발생한다. 또한 비트 베이크는 " "에 짝수를 넣도록 한다.

다음은 머신machine을 선택해야 한다. 여기서 beaglebone을 설정한다. qemux86으로 설정된 부분을 주석처리 한다. ?? 연산자를 사용했기 때문에 이미 있는 부분에 주석처리하는 것은 필수사항이 아니다. ?? 연산자에 대해서는 다음 장에서 설명하기로 한다.

```
MACHINE ?= "beaglebone"
#MACHINE ?? = "qemux86"
```

이제 downloads 디렉토리를 설정한다. 이 디렉토리는 패키지를 만들기 위해 소스를 다운로드하는 데 사용된다. 이 설정을 하기 위해 사용하는 변수는 DL_

DIR이다. 이 변수를 설정하지 않으면 기본값으로 개발자의 빌드 디렉토리가 사용되고, 빌드 디렉토리 내에 downloads 디렉토리가 생성된다. 새로 빌드를 시작하기 위해 현재 빌드 디렉토리를 `rm -rf` 명령어로 지울 때 종종 BSP와 같은 것에 대해 주의 깊게 생각하지 않는다. 이렇게 DL_DIR 변수를 주의 깊게 설정하지 않을 경우 기존 다운로드된 소스가 삭제되어 소스를 다시 받고 결국 빌드 시간이 오래 걸려 나중에 후회할 수 있다. 실수로 디렉토리를 삭제하지 않도록 이 변수를 포키 디렉토리가 있는 가장 상위의 디렉토리를 가리키도록 설정한다.

```
DL_DIR ?= "${TOPDIR}/../../downloads"
```

다음은 잘 변경되지 않는 SSTATE_DIR, TMPDIR, DISTRO 변수에 대해 설명한다. SSTATE_DIR은 욕토 프로젝트의 셰어드 스테이트와 관련이 있다. 욕토 프로젝트는 패키지들이 이미 빌드가 된 것을 사용할 수 있는지에 대해 검사하는 메커니즘이 있다. 이 때는 기존에 빌드된 패키지가 있으면 그 패키지를 사용하고 다시 그 패키지를 빌드하지 않는다. TMPDIR은 빌드할 때 사용하는 많은 내용들이 포함되어 있는 디렉토리다. 다음 장에 자세히 설명할 예정이다. PACKAGE_CLASSES 변수 설정은 다음과 같다.

```
PACKAGE_CLASSES ?= "package_ipk"
```

local.conf에 설정되었지만, 잘 변경되지 않는 변수들은 여기서 설명하지 않는다.

이 파일에서는 또한 많은 다른 옵션들을 설정할 수 있다. 이 옵션들은 다음 장에서 설명한다.

 변수에 값을 설정할 때, 알수 없는 문제를 피하기 위해 항상 연산자의 양쪽 끝에 공백은 남겨야 한다.

bblayers.conf

bblayers.conf는 욕토 프로젝트 레이어를 설정하기 위한 메커니즘을 제공한다. 이 파일은 레이어 관련된 설정을 가지고 있다. 개발자가 특정 레이어에 있는 메타 데이터를 사용하기 위해서는 bblayers.conf 파일에 특정 레이어를 추가해야 한다. 또한 다음 열거된 것처럼 이 파일에서 제거 가능한 것과 제거할 수 없는 것에 대한 분류를 할 수 있다.

```
BBLAYERS ?= " \
  /home/irfan/yocto/poky/meta \
  /home/irfan/yocto/poky/meta-yocto \
  /home/irfan/yocto/poky/meta-yocto-bsp \
  "
BBLAYERS_NON_REMOVABLE ?= " \
  /home/irfan/yocto/poky/meta \
  /home/irfan/yocto/poky /meta-yocto \
  "
```

추가적인 레이어를 사용하지 않을 것이면 이 파일을 수정할 필요가 없다.

site.conf

이 파일은 옵션이며, 빌드 환경을 구성할 때 자동으로 생성되지 않는다. 이 파일에 입력을 하면 다른 빌드와 타깃 전체에 영향을 미치거나 공통 환경 설정이 된다. 예를 들어, 외부 툴체인을 사용하면 그 툴체인 경로를 입력한다. 또 다른 옵션은 미러 사이트로 설정하는 데 사용할 수 있다. 개발자가 이 파일을 생성하면 비트베이크는 그 파일을 찾고 이 파일부터 공통 환경 설정을 사용한다. 개발자가 필요한 수정사항들은 conf/local.conf 파일에서 재정의한다.

auto.conf

이 파일 또한 옵션이다. site.conf 파일과 같이 빌드 환경 구성할 때 자동으로 생성되지 않는다. 수동으로 local.conf 파일을 수정하게 하지 않기 위해 커스텀 옵션 설정을 할 필요가 있을 때 이 파일을 사용할 수 있다. 대부분의 경우 이 파일은 젠킨스Jenkins와 같은 빌드 시스템에 의해 사용된다. 예를 들어 개발자가 저장 공간 제약 때문에 빌드 디렉토리 크기를 넘어서지 않게 하기 위해서 local.conf나 auto.conf 파일에 다음과 같은 코드를 삽입한다.

```
INHERIT += "rm_work"
```

지금 여기서는 이 설정을 사용할 필요가 없다. 다음 장에 tmp/work 디렉토리의 내용에 대해 자세히 설명할 것이고 그 동안 위의 옵션을 사용하지 않을 것을 제안한다.

빌드 시작

모든 환경 설정이 끝나고 빌드를 시작한다. 빌드를 위해 욕토 프로젝트에서 기본으로 제공하는 이미지를 선택할 수 있다. 여기서는 core-image-sato를 선택하여 빌드한다.

```
$ bitbake core-image-sato
```

타깃으로 선택한 이미지를 빌드하는데 네트워크 속도와 프로세스 성능에 따라 빌드하는 시간이 다르다. 빌드가 끝난 후 이미지는 다음 그림에서 보이는 바와 같이 빌드 디렉토리의 tmp/deploy/images/beaglebone에 위치한다. 생성되는 이미지는 부트로더 MLO, 부트로더 u-boot, 커널 이미지, 디바이스 트리 파일device tree blob, 루트 파일 시스템 압축 파일, 모듈 압축 파일이 있다.

이미지는 대부분의 경우 파일 스탬프 정보가 있는 파일 전체 이름뿐 아니라 심볼릭 링크도 함께 가지고 있다. 심볼릭 링크는 가장 최근에 생성된 파일을 가리키고 있다. 혼란을 피하기 위해 항상 심볼릭 링크를 사용하도록 한다.

욕토 프로젝트로 생성된 이미지를 비글본 보드에서 확인할 준비를 한다.

▲ 이미지 디렉토리 내용

core-image-minimal, core-image-base, core-image-sdk와 같이 다른 이미지들의 경우에는 스크린샷에서 보여지는 내용 core-image-sato 대신 그 이미지 관련된 내용들이 보여진다.

파티션 생성 및 SD 카드 포맷

비글본 블랙은 기본적으로 암스트롱angstrom 이미지를 가지고 파티션이 구성되어 있다. 하지만 파티션을 손상하거나 기본 이미지를 삭제하는 것을 원하지 않으면 다음 지시를 따라야 한다.

삽입된 SD 카드는 여러 개의 파티션을 가지고 있으며, 그 파티션은 자동적으로 마운트된다. 그 카드의 손상과 같은 뜻밖의 사태를 피하기 위해 파티션의 마운트를 해제해야 한다. SD 카드 리더기를 사용한다면, SD 카드의 디바이스는 /dev/mmcblk*가 될 것이다. 일부 USB 카드 리더기를 사용한다면, 디바이스는 /dev/sdX(X는 숫자)와 같이 될 것이다. X는 이미 시스템에 연결된 스카시(SCSI) 드라이브에 의존성이 있다. 여기서는 첫 번째 옵션, 즉 빌트인된 SD 카드 리더를 사용한다. 다음과 같이 dmesg 명령어를 사용하면 SD 카드가 생성된 디바이스를 알아낼 수 있다.

```
$ dmesg | tail
[27409.486378] mmc0: new high speed SDHC card at address 0007
[27409.486640] mmcblk0: mmc0:0007 SD04G 3.70 GiB
[27409.488506] mmcblk0: p1
```

SD카드가 생성된 디바이스를 확인하기 위해 fdisk -l 명령어를 사용할 수도 있다. 개발자가 필요한 파티션을 생성하기 위해 다음 절차에 따라 root 또는 sudo의 권한으로 fdisk 유틸리티를 사용할 수 있다.

1. umount 명령어를 사용하여 마운트된 파티션을 해제한다.

   ```
   $ umount /dev/mmcblk0p1
   ```

2. fdisk 유틸리티를 실행하고 이전 파티션들을 삭제한다. 이 경우 하나이다.

   ```
   $ sudo fdisk /dev/mmcblk0
   Command (m for help): d
   Selected partition 1
   ```

3. 32MB BOOT와 primary 유형의 새로운 파티션을 생성한다.

   ```
   Command (m for help): n
   Partition type:
     p primary (0 primary, 0 extended, 4 free)
     e extended
   Select (default p):
   ```

```
Using default response p
Partition number (1-4, default 1):
Using default value 1
First sector (2048-7774207, default 2048):
Using default value 2048
Last sector, +sectors or +size{K,M,G} (2048-7774207, default
7774207): +32M
```

4. 루트 파일 시스템으로 사용하기 위한 두 번째 파티션을 생성한다. 이 파티션에 모든 남아 있는 저장공간을 할당한다.

```
Command (m for help): n
Partition type:
  p primary (1 primary, 0 extended, 3 free)
  e extended
Select (default p):
Using default response p
Partition number (1-4, default 2):
Using default value 2
First sector (67584-7774207, default 67584):
Using default value 67584
Last sector, +sectors or +size{K,M,G} (67584-7774207, default
7774207):
Using default value 7774207
```

5. 부트 플래그를 설정하여 첫 번째 파티션을 부팅 가능하게 만든다.

```
Command (m for help) : a
Partition number (1-4): 1
```

6. WIN95 FAT32(LBA)로 첫 번째 파티션을 설정한다.

```
Command (m for help): t
Selected partition 1
Hex code (type L to list codes): c
```

7. 파일 시스템 수정이 끝났으면, w 명령어를 사용하여 변경 내용을 저장한다.

```
Command (m for help): w
The partition table has been altered!
Calling ioctl() to re-read partition table.
Syncing disks.
```

 WIN95 FAT32(LAB)로 첫 번째 파티션을 설정해야 한다. 그렇지 않으면 비글본은 부팅되지 않는다. 결국 잘못된 것을 해결하기 위해 시간만 낭비한다.

8. 다음 명령어를 이용하여 FAT로 첫 번째 파티션을 포맷한다. udisks 명령어를 이용하여 마운트된 것을 알게 하기 위해 BOOT라는 라벨을 설정한다.

```
$ sudo mkfs.vfat -n "BOOT" /dev/mmcblk0p1
```

9. 두 번째 파티션은 다음 명령어를 이용하여 ext4 파일 시스템으로 포맷한다. 이 곳에는 압축이 풀린 루트 파일 시스템 이미지가 포함할 것이고 ROOT 라벨을 설정한다.

```
$ sudo mkfs.ext4 -L "ROOT" /dev/mmcblk0p2
```

나는 위의 모든 단계를 실행하기 위해 간단한 스크립트를 만들었고, 그 스크립트에 필요하면 수정을 할 수 있고 독자들의 이해를 돕기 위해 이 단계들을 열거했다.

 예제 코드 다운로드
대부분 구현 코드는 https://github.com/YoctoForBeaglebone/에서 바로 다운로드할 수 있다(에이콘출판사 도서 정보 페이지 http://www.acornpub.co.kr/book/beaglebone-black-yocto에서도 다운로드할 수 있다). 만일 어떤 것을 추가하고 싶으면, 주저하지 말고 추가해도 된다. 저장소에 어떤 것을 추가할 때 직접 올리지 말고, 깃허브(github)에서 제공하는 git pull request 메커니즘을 사용하는 것을 추천한다.

SD 카드로 이미지 복사

앞의 요구사항에 따라서 SD 카드를 포맷했고 이제는 이미지를 넣기 위해 준비
한다. 파티션은 자주 자동으로 /media/$USER 내에 마운트된다. 만약 그렇지
않으면 필요한 위치로 파티션을 마운트하기 위해 다음 mount 명령어를 사용할
수 있다.

```
$ sudo mount /dev/sdb1 /media/$USER/BOOT
$ sudo mount /dev/sdb2 /media/$USER/ROOT
```

이제 SD 카드에 이미지를 복사하는 단계이다.

1. u-boot MLO와 u-boot 부트로더 이미지를 FAT32 파티션으로 복사한다.

   ```
   $ sudo cp MLO /media/$USER/BOOT
   $ sudo cp u-boot.img /media/$USER/BOOT
   ```

2. 커널 이미지를 boot 파티션에 복사한다.

   ```
   sudo cp uImage /media/$USER/BOOT
   ```

3. dtb 파일인 am335x-boneblack.dtb를 boot 파티션에 복사한다. 이 단계
   는 core-image-minimal의 경우에만 필요하다. 이 책에서는 core-image-
   sato 이미지를 생성했기 때문에 이미 그 파일이 루트 파일 시스템에 들어
   가 있어 복사할 필요가 없다.

   ```
   $ sudo cp am335x-boneblack.dtb /media/$USER/BOOT
   ```

4. 루트 권한으로 core-image-sato-beaglebone.tar.bz2 파일의 압축을
   ext4 파티션에 푼다.

   ```
   $ sudo tar -xf core-image-sato-beaglebone.tar.bz2 -C /media/$USER/
   ROOT/
   ```

5. 모든 마운트를 해제한다.

```
$ sudo umount /dev/mmcblk0p1
$ sudo umount /dev/mmcblk0p2
```

호스트 머신에서 SD 카드를 제거하고 비글본 블랙의 SD 카드 슬롯에 삽입한다. 이 단계 또한 copy_images.sh라는 이름을 가진 간단한 스크립트를 사용할 수 있다.

 여러분은 SD 카드 이미지를 복사하는 스크립트를 https://github.com/YoctoForBeaglebone/BeagleScripts에서 다운로드할 수 있다.

하드웨어 설정

비글본 블랙을 부팅하기 위해 다음과 같은 하드웨어가 필요하다.

- 이미지가 복사된 SD 카드
- 비글본 블랙
- 5V 파워 어댑터 또는 마이크로 USB 케이블: 동작 주파수 감소를 피하기 위해 5V 파워 어댑터를 사용하는 것을 권장한다.
- 시리얼 통신을 위한 USB TTL-2303(PL2303)

USB-TTL은 다음 정보에 따라 J1 커넥터에 연결한다.

J1 핀	USB TTL 함수
1	GND 그라운드
4	RXL
5	TXL

대부분의 경우 마이크로 USB 케이블은 파워를 공급하는 데 충분하다. 하지만 많은 리소스가 필요한 작업을 위해 (예를 들면 추가적인 주변장치) 파워 어댑터를 연결하는 것이 필요하다.

 PL2303 핀을 연결할 때 전류를 조심해야 한다. 그렇지 않으면 비글본 보드가 손상된다.

시리얼 설정

비글본 블랙은 호스트 머신과 통신할 때 시리얼 디버그 포트를 사용한다. 이 책에서는 시리얼 포트로 통신하기 위한 시리얼 터미널 클라이언트로 minicom을 사용한다. minicom을 설정하기 위해 다음과 같은 단계를 수행한다.

1. 루트 권한으로 다음 명령어를 실행한다.

```
$ sudo minicom -s
```

▲ Minicom 환경 설정 다이얼로그

이 그림에서 알 수 있듯이 메뉴에 9개의 다른 옵션이 있다. 이 옵션들은 수정할 수 없고, 위/아래 화살표 키로 선택만 할 수 있다. 세 번째 옵션인 Serial port setup에서 엔터키를 눌러 선택하면 또 다른 메뉴에 진입하게 되고 그 메뉴의 각 옵션들이 있는 것을 볼 수 있다. 옵션을 선택하기 위해서는 왼쪽 끝에 쓰여 있는 알파벳을 키보드로 누르면 된다. 시리얼 디바이스를 /dev/ttyUSB0으로 설정하기 위해 키보드로 A 키를 누르고, 입력이 끝나면 **엔터키**를 누른다. 만약 생성된 디바이스를 알지 못하면 다른 터미널에서 다음 명령어들의 조합으로 찾을 수 있다.

```
$ dmesg | grep "pl2303 converter"
[37532.385583] pl2303 3-3:1.0: pl2303 converter detected
[37532.386415] usb 3-3: pl2303 converter now attached to ttyUSB0
```

2. baud rate를 설정하기 위해 E 키를 누른다. baud rate 값을 조정하기 위해 A(다음)와 B(이전) 키를 사용한다. 115200 8N1을 찾을 때까지 B 키를 계속 누른다. 그리고 이 설정을 선택하기 위해 **엔터키**를 누르고 이전 메뉴로 돌아 간다.

3. 다음은 hardware flow control과 software flow control의 상태를 변경하기 위해 F와 G 키를 사용하는 것이 필요하다. 모두 No로 설정하면 최종적으로 다음 그림과 같은 설정이 되어 있는 것을 볼 수 있다.

```
+-----------------------------------------------------------------+
| A -     Serial Device       : /dev/ttyUSB0                      |
| B - Lockfile Location       : /var/lock                         |
| C -    Callin Program       :                                   |
| D -   Callout Program       :                                   |
| E -     Bps/Par/Bits        : 115200 8N1                        |
| F - Hardware Flow Control   : No                                |
| G - Software Flow Control   : No                                |
|                                                                 |
|    Change which setting? █                                      |
+-----------------------------------------------------------------+
        | Screen and keyboard    |
        | Save setup as dfl      |
        | Save setup as..        |
        | Exit                   |
        | Exit from Minicom      |
        +------------------------+
```

▲ Minicom 시리얼 포트 설정 다이얼로그

4. 매번 다시 설정하지 않도록 Save setup as df1을 선택하고 minicom으로 가도록 Exit를 선택한다. 시리얼 포트가 어떤 동작하는지에 대해 보고 싶으면 minicom을 나가지 않아야 한다.

비글본 부팅

이제는 모든 설정을 했고 부팅할 준비가 되었다. SD 카드를 삽입하고 보드를 부팅하면 된다. 만약 기본으로 선택된 eMMCembedded MultiMediaCard를 가지고 있으면 하나의 문제가 더 남아 있다. eMMC 파티션에 있는 MLO 파일의 이름을 변경하여 이미 가지고 있는 이미지로 부팅하는 것을 비활성화시켜야 한다. 다른 대안으로 단지 u-boot 프롬프트에서 다음와 같이 두 명령어를 실행하면 된다. u-boot 프롬프트에 진입하려면 시간이 지나가기 전 보드에 파워 인가후 엔터키만 누르면 된다.

```
# mmc dev 1
# mmc erase 0 512
```

첫 번째 명령은 eMMC 카드를 선택하는 것이고, 두 번째 명령은 비글본이 eMMC로 부팅할 수 없도록 내용을 지우는 것이다.[3]

준비된 SD 카드를 삽입하고 비글본의 전원을 켠다. 그러면 minicom에서 다음과 비슷한 출력물을 볼 수 있다.

```
Booting from mmc ...
## Booting kernel from Legacy Image at 82000000 ...
   Image Name:   Linux-3.14.0-yocto-standard
   Image Type:   ARM Linux Kernel Image (uncompressed)
   Data Size:    4985768 Bytes = 4.8 MiB
   Load Address: 80008000
```

---

3 비글본에 있는 Boot Switch를 누르고 전원을 인가해도 SD 카드에 있는 이미지로 부팅할 수 있다. – 옮긴이

```
      Entry Point: 80008000
      Verifying Checksum ... OK
## Flattened Device Tree blob at 88000000
      Booting using the fdt blob at 0x88000000
      Loading Kernel Image ... OK
      Loading Device Tree to 8fff5000, end 8ffff207 ... OK
Starting kernel …
```

마침내, 비글본 프롬프트에 도달했다.

```
Poky (Yocto Project Reference Distro) 1.6.1 beaglebone /dev/ttyO0
beaglebone login:
```

user에 root를 입력하고 **엔터키**를 누르면 다음과 같이 root 사용자가 된다.

```
root@beaglebone: ~#
```

추가적인 환경 설정 파일

이미 빌드 과정에서 몇 개의 환경 설정 파일을 보았다. 간단한 설명을 위해 빌드 과정 동안 설명하지 않았던 몇 개의 환경 설정 파일인 bitbake.conf와 machine.conf에 대해서 알아본다.

machine.conf

이 이름의 파일을 찾을 수 없을 것이다. 여기에서 machine이란 이미지를 만들 기 위한 타깃 보드의 머신 이름이다. 예를 들어, 여기서는 beaglebone.conf를 사용하고 이전 환경 설정에서 poky/meta-yocto-bsp/conf/machine/ 디렉 토리에 beaglebone.conf라는 이름으로 존재한다.

머신 특화된 환경 설정은 모두 이 파일에 있다. 필요하다면 이 파일을 수정할 수 있도록 파일에 대해 알고 그 내용에 대해 기본적으로 이해하는 것이 필요하다. 좀 더 살펴보면, 맨 위의 헤더에는 문서의 태그에 정보가 포함되어 있다.

```
#@TYPE: Machine
#@NAME: Beaglebone machine
#@DESCRIPTION: Machine configuration for http://beagleboard.org/bone
and http://beagleboard.org/black boards
```

선호하는 xserver가 설정되어 있다.

```
PREFERRED_PROVIDER_virtual/xserver ?= "xserver-xorg"
XSERVER ?= "xserver-xorg \
            xf86-input-evdev \
            xf86-input-mouse \
            xf86-video-fbdev \
            xf86-input-keyboard"
```

빌드를 위해 필요한 추가 예제가 무엇인가? 여기 있는 것들이 빌드된다.

```
MACHINE_EXTRA_RRECOMMENDS = " kernel-modules kernel-devicetree"
```

이미지 의존성들을 설정한다.

```
EXTRA_IMAGEDEPENDS += "u-boot"
```

아키텍처 특화된 환경 설정은 tune 파일에 있다. 여기에서는 요구사항을 만족시키기 위해 사용 가능한 것을 설정한다.

```
DEFAULTTUNE ?= "cortexa8hf-neon"
include conf/machine/include/tune-cortexa8.inc
```

tune 파일은 poky/meta 디렉토리의 include 지시어를 사용한 경로에 있다.

머신에 생성하고 싶은 파일 시스템 이미지 종류를 선택할 수 있다. 선택할 수 있는 여러 옵션들이 있고 jffs2 이미지의 경우와 같이 추가로 이미지 명령어의 옵션도 설정할 수 있다.

```
IMAGE_FSTYPES += "tar.bz2 jffs2"
EXTRA_IMAGECMD_jffs2 = "-lnp "
```

가장 중요한 옵션 중 하나는 시리얼 디버그 콘솔이다. 여기 보드 내부에서 동작하는 것을 보기 위해 정의한다.

```
SERIAL_CONSOLE = "115200 ttyO0"
```

이제 커널 컴파일과 빌드에 필요한 커널 버전을 설정하기 위해 커널 옵션들을 수정할 수 있다. 이를 위해 욕토 프로젝트 키워드인 PREFERRED_PROVIDER과 PREFERRED_VERSION을 사용한다.

```
PREFERRED_PROVIDER_virtual/kernel ?= "linux-yocto"
PREFERRED_VERSION_linux-yocto ?= "3.14%"
```

zImage와 다른 커널 이미지를 생성할 수도 있다. 비글본 블랙과 화이트 버전의 일반적인 머신부터 디바이스 트리 바이너리 파일을 두 타깃 모두 생성할 수 있다. 비글본 화이트에서 DTB를 빌드하지 않도록 선택할 수 있지만 빌드 시간이나 깔끔함 측면에서 많이 다르지는 않다. 커널에 필요한 추가적인 인자를 설정할 수 있다.

```
KERNEL_IMAGETYPE = "uImage"
KERNEL_DEVICETREE = "am335x-bone.dtb am335x-boneblack.dtb"
KERNEL_EXTRA_ARGS += "LOADADDR=${UBOOT_ENTRYPOINT}"
```

이제 부트로더의 관점에서 대부분의 환경 설정을 한다. 첫 번째 단계의 이미지 디렉토리에 MLO라는 이름으로 보이도록 부트로더의 이름을 MLO로 설정한다. u-boot.img 이름을 가진 파일을 생성하기 위해 u-boot의 접미사로 img를 설정한다. u-boot 관련 다른 옵션들의 설정은 다음과 같다.

```
SPL_BINARY = "MLO"
UBOOT_SUFFIX = "img"
UBOOT_MACHINE = "am335x_evm_config"
UBOOT_ENTRYPOINT = "0x80008000"
UBOOT_LOADADDRESS = "0x80008000"
```

머신에서 지원하기를 원하는 특징들을 결정하여 다음과 같이 추가한다.

```
MACHINE_FEATURES = "usbgadget usbhost vfat alsa"
```

bitbake.conf

이름에서 알 수 있듯이 이 파일은 빌드 절차를 단순화하는 데 책임이 있는 욕토 프로젝트의 핵심 엔진인 비트베이크와 관련이 있다. 먼저 이 파일이 파싱되고, 이 후 추가로 열거된 환경 설정 파일들이 파싱된다. bitbake.conf 파일은 poky/meta/conf 디렉토리에 있다. 한 줄씩 자세히 분석할 수 있을 만큼 작은 파일이 아니다. 환경 설정과 메타데이터가 700줄이 넘는다. 예제에서 사용하는 거의 모든 변수가 이 파일에 정의되어 있다.

bitbake.conf 파일은 독립된 파일이 아니고 conf 디렉토리의 다른 파일들을 포함시킨다. 이 파일 내에 정의된 모든 설정 파일들을 쉽게 찾을 수 있다. 그래서 bitbake.conf는 이 설정 파일들을 사용하고 그 파일들에서 메타데이터 정의를 한다. 예를 들어, 기억할지 모르겠지만, 앞에서 DL_DIR, TOPDIR, TMPDIR 변수를 설명했다. 이 모든 변수들의 기본값을 이 파일에서 찾을 수 있다. 이 파일은 이 책의 다른 곳에서 정의한 모든 변수를 가지고 있다. 하나의 절에서 정의된 변수들은 다른 절에서 사용된다. 이 절에서 사용한 여러 변수들을 간략히 설명한다.

표준 타깃 파일 시스템 경로

다른 예제들에서 널리 사용되는 표준 타깃 파일 시스템 경로들이다. 여기에서는 더 세부적인 부분들을 가지고 있다. 이 변수들을 변경할 필요는 없지만 예제가 만들어질 때 이것을 참고해야 한다.

아키텍트 의존적인 빌드 변수

아키텍트에 의존적인 메타데이터를 정의하기 위한 변수 집합들도 많이 있다. 이 변수들은 영향을 미치는 영역을 명확히 하기 위해 BUILD_, HOST_, TARGET_, SDK_의 접두사를 가지고 있다.

패키지 기본 변수

이 부분의 변수들은 예제에 광범위하게 적용되고, 모든 예제에서 사용된다. 다음 장에 이것과 관련된 변수에 대해 설명한다.

빌드 시스템에서 일반적인 작업/결과 디렉토리

빌드 환경을 구성하는 동안 일부 변수를 간단히 알아보았다. 이 변수들은 대부분 빌드 디렉토리 구조를 정의한다. 여기에 있는 변수는 중간 단계와 관련된 부분을 포함한다. 이 부분은 욕토 프로젝트를 사용할 때 자주 있는 크로스 컴파일을 위해 정말 중요하다.

특정 이미지 생성과 루트 파일 시스템 이미지 정보

이 변수들은 루트 파일 시스템 이미지의 다른 속성들을 정의한다. 예를 들어 IMAGE_NAME과 같은 변수는 core-image-sato-beaglebone-20141126124205 와 같이 생성된 이미지 이름을 만드는 방법을 정의한다.

빌드 플래그와 옵션

물론 빌드 플래그는 이 부분에 있지만 컴파일, 링커, 메이크make와 관련된 다른 플래그들도 볼 수 있다.

다운로드 위치와 유틸리티

이 부분은 빌드 속도를 빠르게 하기 위한 미러mirror에 대한 정의도 포함한다. 많은 패키지들을 포함한 BSP를 생성할 때 시간 제약에 직면할 수 있다. 욕토 프로젝트는 이 부분에서 난관을 만나게 된다. 또한 여기에서 다른 버전 관리 시스템에서 다운로드하는 명령어를 볼 수 있다.

설정 파일 추가

이미 설명했듯이 이 파일은 다른 설정 파일들을 포함한다. 여기서 이 파일들의 목록들을 볼 수 있다.

시간을 낭비하는 것을 피하기 위해, 다른 부분은 생략한다. 여러분이 시간이 될 때 살펴보기를 바란다.

정리

이번 장에서 욕토 프로젝트로 개발하기 위해 호스트 시스템을 설정하는 방법에 대해 알아보았다. 또한 욕토 프로젝트를 이용해 맛배기로 비글본 이미지 빌드, SD 카드 준비, SD 카드를 이용한 보드 부팅, 보드에서 시리얼 통신 설정하는 방법에 대해서도 알아보았다. 그리고 기본 환경 설정 파일에 대해 알아보았고, 추가적인 환경 설정 파일도 간략히 살펴보았다. 2장에서는 욕토 프로젝트의 핵심 툴인 비트베이크에 대해 자세하게 알아볼 것이다. 또한 비트베이크의 다양한 옵션과 이를 더 쉽게 사용하는 방법에 대해서도 알아볼 것이다.

2

비트베이크의 모든 것

1장에서 욕토 프로젝트Yocto Project를 사용하여 생성한 이미지를 비글본beaglebone
에서 동작하도록 만들어 보았다. 또한 보드를 실제 동작시켜보고, 설정에 필요
한 간단한 개념에 대해서도 알아보았다. 이 장에서는 욕토 프로젝트와 다른 비
슷한 프로젝트의 핵심 엔진인 비트베이크bitbake에 대해 자세히 알아본다. 비트
베이크의 모든 부분을 이 한 장에서 설명하기에는 어렵다. 이것만 설명하기 위
해 책 한 권이 필요할 정도로 방대하다. 여기서는 가능한 많이 비트베이크에
대해 익숙해지도록 설명한다.

이 장에서는 다음과 같은 주제에 대해 설명한다.

- 비트베이크의 간략한 역사
- 레거시 툴과 비트베이크
- 비트베이크 실행
- 비트베이크 옵션

비트베이크의 간략한 역사

비트베이크는 젠투gentoo 패키지 관리 툴인 포테지portage로부터 영감을 받았다. 젠투는 최대한 최적화 기법이 코드에 적용될 수 있도록, 실행하고 있는 시스템 상에서 바이너리를 빌드하는 독특한 철학을 가지고 있다. 이 철학은 다양한 하드웨어를 사용하고 BSP를 준비할 필요가 있는 임베디드 시스템의 경우에 가장 적합하다. 초기 비트베이크는 오픈임베디드OpenEmbedded의 한 부분이였고, 이후 오픈임베디드 프로젝트 팀원인 크리스 라르슨Chris Larson은 이를 두 부분(비트베이크, 오픈임베디드)으로 분리하였다.

● **비트베이크**: 일반적인 작업 스케줄러
● **오픈임베디드**: 비트베이크에서 이용하는 메타데이터 집합

비트베이크는 다양한 리눅스 배포판을 빌드하고 유지하기 위해 사용되는 오픈임베디드와 욕토 프로젝트의 기반이다.

레거시 툴과 비트베이크

여기서의 설명은 다른 대안이 될 수 있는 툴과 비트베이크 사이에 비교우위를 따지자는 것이 아니다. 각 툴 나름대로의 특성을 가지고 있어, 용도에 맞게 사용 가능한 툴을 이용하면 된다. 비트베이크는 임베디드 리눅스 개발을 위해 개발되었다. 그래서 임베디드 리눅스에 직면한 문제를 해결하는 데 노력하고 있다. 그리고 나는 이것을 다루는 데에 있어서 지금까지 가장 좋은 방법이라고 생각한다. 빌드 루트buildroot와 같은 다른 툴을 사용하여 같은 결과를 얻을 수 있지만, 임베디드 영역에서 비트베이크가 제공하는 유연성과 편의성은 따라올 수 없는 것 같다. 주로 다른 점은 문제를 다루는 방식에 있다. 레거시 툴은 패키지를 고려하여 개발되었지만, 비트베이크는 BSP나 임베디드 배포판을 만들

때 발생하는 문제점을 해결하면서 발전하였다. 이 특정 영역에 직면한 문제들을 설명하고 어떻게 비트베이크가 이 문제를 해결하는 데 도움을 주는지 이해하도록 한다.

크로스 컴파일

비트베이크는 크로스 컴파일을 다룬다. 빌드하는 동안 각 패키지의 크로스 컴파일에 대해 걱정할 필요가 없다. 서로 다른 플랫폼에서 계속해서 같은 패키지의 집합과 빌드를 사용할 수 있다.

패키지 간 의존성 해결

서로 다른 패키지의 의존성을 해결하는 것은 정말 어렵다. 이 경우에 가능한 다른 의존성 유형을 명시할 필요가 있고, 비트베이크는 이것을 빌드타임 의존성과 런타임 의존성으로 구분하여 두 가지 모두 지원한다.

타깃 배포판의 다양성

비트베이크는 다양한 타깃 배포판 생성을 지원한다. 요구사항을 만족시키기 위한 패키지 관리, 이미지 종류, 아티팩트를 선택함으로써 개발자가 자신만의 새로운 배포판을 만들 수도 있다.

빌드 시스템 결합성

비트베이크는 타깃 이미지를 빌드하기 위해 사용하는 호스트 시스템에 의존성이 거의 없다. 호스트 시스템에 설치되는 라이브러리와 툴을 거의 사용하지 않는다. 대신 호스트(native) 버전의 라이브러리와 툴들을 빌드하여 사용한다. 그렇기 때문에 호스트 빌드 시스템의 루트 파일 시스템에 의존성이 거의 없다.

다양한 빌드 시스템 배포판 지원

비트베이크가 빌드 시스템의 배포판 종류에 매우 약하게 결합되어 있기 때문에 다양한 배포판에서 사용하기 쉽다.

다양한 아키텍처 지원

비트베이크는 다양한 아키텍처를 지원한다. 각 아키텍처에 맞는 패키지를 위해 예제를 수정하지 않는다. 특성, 파라미터, 플래그가 조건적으로 선택될 수 있도록 예제를 작성할 수 있다.

병렬 빌드 지원

가장 간단한 프로젝트도 수천 개 이상 태스크를 가지고 빌드하여 이미지를 만든다. 이 태스크들을 진행하기 위해 CPU와 메모리 등 전체 가용한 리소스를 사용할 수 있다. 비트베이크는 가능한 많이 또는 설정된 만큼 병렬적으로 태스크를 실행할 수 있도록 스케줄링할 수 있다. 여기서 태스크를 말할 때 패키지와 혼란스럽게 되면 안되지만, 태스크는 패키지의 일부이다. 하나의 패키지는 많은 태스크(fetch, compile, configure, package, populate_sysroot 등)들을 포함하고 이것들 모두 병렬적으로 실행할 수 있다.

사용, 확장, 협업의 편의성

메타데이터를 사용하고 의존성을 갖는 것은 단순하고 변경하는 데 용의하다. 하드 코딩되는 것은 거의 없다. 그러므로 필요에 따라 변경이 가능하다. 또한 비트베이크는 이미 개발된 것을 재사용하기 위한 메커니즘을 제공한다. 조건에 따라 적용하고 확장하기 위한 메타데이터 구조를 가지고 있다. 레이어에 대해 자세히 알아볼 때 이러한 기법들에 대해 배울 것이다.

비트베이크 실행

성공적으로 패키지 또는 이미지를 생성하고 작업 흐름을 알기 위해, 비트베이크는 필요한 여러 단계를 수행한다. 경우에 따라 이 단계의 일부는 지나칠 수 있지만, 정상적인 경우가 아니기 때문에 설명하지 않는다. 자세한 내용은 비트베이크 사용자 매뉴얼을 참고하면 된다.

메타데이터 파싱

이미지를 빌드하기 위해 비트베이크 명령을 사용할 때, 우선 기본 환경 설정 메타데이터를 파싱한다. 이 메타데이터는 이전 장에서 설명했듯이, build_bbb/conf/bblayers.conf, 여러 레이어의 layer/conf/layer.conf, poky/meta/conf/bitbake.conf로 구성된다. 이 데이터의 종류는 다음과 같다.

- 환경 설정 데이터
- 클래스 데이터
- 예제

BBFILES와 BBPATH 같은 핵심 변수들은 layer.conf 파일에 있다. 이와 같이 구성된 BBPATH 변수는 conf/ 디렉토리에, 환경 설정 파일, classes/ 디렉토리에 클래스 파일을 위치시키는데 사용된다. BBFILES 변수는 예제 파일(.bb와 .bbappend)을 찾는 데 사용된다. 이전 장에서 bblayers.conf 파일에 대해서 설명했고 그것은 BBFILES와 같은 변수를 설정하는 데 사용된다.

다음은 이전 장에서 설명했던, bitbake.conf 파일이 파싱된다.

 bblayers.conf 파일이 없으면, 비트베이크는 BBFILES와 BBAPTH을 환경변수에서 설정되었다고 판단한다.

설정 파일을 파싱한 후, 클래스 파일을 포함하여 파싱이 진행된다. 클래스 파일들은 INHERIT 변수를 사용하여 명시한다. 다음 비트베이크는 추가적인 파일과 함께 파싱하여 예제의 목록들을 만들기 위해 BBFILES 변수를 사용한다. 그러므로 파싱한 후, 다양한 변수의 예제 값은 데이터 저장소에 저장된다. 예제 파싱이 끝나면 비트베이크는 다음과 같은 것들을 가지게 된다.

- 예제가 정의하고 있는 태스크 목록
- 키와 값으로 구성된 데이터 집합
- 태스크의 의존성 정보

태스크 목록 준비

비트베이크는 예제 파일에서 PROVIDES로 설정된 값을 찾기 시작한다. PROVIDES의 기본값은 예제 이름인 PN 변수로 설정되고 여러 개의 값을 추가적으로 정의할 수도 있다. 같은 PROVIDES를 여러 개의 예제에서 가질 수도 있다. 태스크는 예제에 설정된 PROVIDES 값을 가지고 수행된다. 실제 빌드의 예제 부분을 구성할 때, 명확하게 예제 foo를 사용하기 위해서는 PREFERRED_PROVIDER_foo로 정의해야 하고, 이것은 다양한 곳에 있을 수 있다. 커널의 경우 machine.conf에 정의할 수 있다. 비트베이크는 의존성에 따라서 빌드하고 PROVIDES를 분석하기 위해 타깃의 목록에서 반복한다.

PREFERRED_PROVIDER가 설정되지 않고 패키지 버전이 여러 개가 있으면 비트베이크는 가장 높은 버전을 선택한다.

타깃과 예제는 fetch, unpack, configure, compile과 같은 여러 개의 태스크를 가진다. 비트베이크는 이러한 태스크를 멀티코어 환경에서 병렬 빌드를 수행하기 위해 독립된 단위로 구성한다. 이전 장에서 이런 멀티코어 환경을 설정하는 것에 대해 알아보았다. 이 태스크들이 하나의 패키지와 예제에서는 연속적으로 실행되지만, 여러 개의 패키지에서 서로 병렬적으로 실행된다. 병렬적으로 첫 번째 패키지에서는 compile 태스크, 두 번째 것에서는 configure 태스크, 세 번째 것에서는 unpack 태스크가 실행될 수 있다. 또는 우선 8개 패키지 모두 소스를 다운로드할 수도 있다. 병렬 빌드를 하기 위해서는 우선 DEPENDS와 RDEPENDS변수로 정의된 태스크들 사이에 의존성을 알아야 한다. DEPENDS에서는 패키지가 성공적으로 빌드하기 위해 필요한 의존성을 정의한다. 그래서 비트베이크는 패키지가 빌드되기 전 이 의존성이 있는 것들을 빌드하도록 처리한다. RDEPENDS는 타깃 시스템에서 성공적으로 패키지가 실행되기 위해 필요한 런타임 의존성을 정의한다. 그래서 비트베이크는 타깃의 루트 파일 시스템에 이 의존성이 있는 패키지들을 넣도록 처리한다.

태스크 실행

태스크는 셸 또는 파이썬을 사용하여 정의할 수 있다. 셸 태스크의 경우에 셸 스크립트는 임시 디렉토리에 run.do_taskname.pid로 생성되고 나서 실행된다. 생성된 셸 스크립트는 모든 외부export 변수와 셸 함수를 포함한다. 태스크의 결과는 같은 디렉토리에 log.do_taskname.pid 파일로 저장된다. 에러가 발생하는 경우에 비트베이크는 그 로그 파일의 전체 경로를 보여준다. 이것은 디버깅하는 데 유용하다.

비트베이크 옵션

비트베이크는 -h 또는 -help 옵션의 표준을 따른다. 그래서 언제든 비트베이크에서 이 옵션을 실행하면 모든 사용 가능한 옵션의 목록을 볼 수 있다. 그러므로 여기서는 자세히 설명하지 않고, 많이 사용하고 필요한 옵션들에 대해서만 일부 설명하기로 한다. 또 다른 표준 옵션은 비트베이크의 버전을 볼 수 있는 --version이다. 이전 장에서 이미지를 빌드하기 위해 다음과 같은 가장 간단한 형식의 명령을 사용했다.

```
$ bitbake core-image-sato
```

여기서 core-image-sato는 빌드하는 이미지 예제 이름이다. bitbake -h로 알 수 있듯이 bitbake 명령어 형식은 다음과 같다.

Usage: bitbake [options] [recipe name/target ...]

이전 예제에서 빌드하는 시나리오에 필요하지 않아서 옵션을 사용하지 않았다. 첫 장에서 생성했던 빌드 디렉토리에서 -h 옵션과 함께 비트베이크를 사용한다.

```
$ bitbake -h
```

위의 명령을 실행하여 나오는 결과는 길이 때문에 생략하고 중요한 옵션들에 대해 설명하기로 한다.

특정 예제 빌드(-b)

경우에 따라서는 하나의 예제만 빌드할 필요가 있다. 이 경우에는 예제의 의존성이 있는 것들이 이미 빌드되어 사용 가능한 것을 알고 있다고 생각한다. 특정 예제만 빌드하여 시간을 절약하기 위해 -b 옵션을 사용할 수 있다.

에러가 나는 경우에도 계속 빌드(-k, --continue)

비트베이크의 기본 동작 방식은 에러가 발생하면 로그를 보여준 후 에러난 곳에서 멈추는 것이다. 하지만 이 옵션을 사용하면 가능한 많은 태스크를 실행하려고 한다. 이 옵션은 많은 패키지를 사용하고 에러가 나는 것을 확실히 알 수 없는 이미지를 빌드할 때 유용하다. 이러한 경우 고칠 수 있는 빌드 실패를 알면서 계속 빌드를 진행한다. 실패의 경우 에러가 발생한 타깃/예제와 그것을 필요로 하는 것들은 빌드할 수 없다. 하지만 이 옵션을 사용하면 비트베이크는 에러가 발생 시 종료를 시키는 대신 계속해서 빌드를 진행한다. 일단 빌드가 끝나면, 에러를 고치고 다시 빌드를 한다.

강제로 빌드하는 태스크(-f, --force)

비트베이크는 점진적으로 태스크를 빌드하고 이를 위해 스탬프를 유지하는 메커니즘을 가진다. 가끔 이 메커니즘을 무시하고 빌드해야 할 필요성이 있다. 이런 경우에 -f 옵션을 사용하면 된다. 이 옵션은 비트베이크가 스탬프를 무시하고 이전 빌드 결과와 상관없이 그 타깃을 위해 특정 태스크를 실행하게 한다. 예를 들어 컴파일 태스크를 실행하기를 원하고, 이전에 실행했던 것을 알고 있고, 다시 실행하기를 원한다면 다음과 같은 명령어를 사용할 수 있다.

```
$ bitbake -c compile <package_name> -f
```

이 명령을 실행하면, 컴파일 태스크는 스탬프를 무시하고 다시 실행된다.

다른 프로바이더 사용(-a, --tryaltconfigs)

이 옵션은 다른 프로바이더를 사용함으로써 일부 패키지 빌드 실패를 피하기 위해 사용할 수 있다. 각 예제의 예로 커널과 부트_{uboot} 예제가 있다. 커널의 경우 virtual/kernel로 정의된 필요한 타깃에 사용될 수 있는 여러 개의 예제를 가지고 있다.

특정 태스크 실행(-c)

이것은 매우 유용한 옵션이고 개발자들에게 꼭 필요하다. 비트베이크 예제는 여러 태스크들로 구성되어 있고 이것들에 대해 다음 장에서 자세히 설명할 것이다. 이미 여러분은 하나의 예제가 태스크로 불리는 여러 개의 기능적 단위로 구성되어 있다는 것을 알고 있다. 각 태스크들을 소스 다운로드, 환경 설정 configuring, 컴파일 등과 같이 각 기능별로 나누어져 있다. 좀 더 친근한 메이크 Make에 비교하면 이것은 make 명령 뒤에 붙는 타깃 인자과 유사하다. 비트베이크는 태스크들 중 하나를 수행한다. 예를 들어 개발자들은 일부 패키지의 예제를 개발한다면, 소스 코드에 일부 변경을 적용시키고 적용된 수정사항이 실제 동작하는 것을 확인하고 싶어한다. 이 경우 단지 소스 코드 컴파일만 필요하며 다음과 같은 명령을 사용할 수 있다.

```
$ bitbake -c compile <recipe name>
```

이 명령어는 이미 실행했다면, compile, fetch, unpack 등과 같은 태스크들을 실행하지 않는다. 실험을 위해 사용되는 listtasks라는 매우 유용한 태스크가 있다. 태스크에 대한 정보를 모으기 위해 listtasks를 사용할 수 있다. 빌드 디렉토리에서 다음 명령을 실행한다. 특이한 결과를 보아도 걱정할 필요가 없다. 다음 장에서 자세히 태스크들에 대해 설명할 것이다.

```
$ bitbake -c listtasks procps
```

스탬프 무효화(-C, --clear-stamp)

비트베이크에서 이 옵션은 특정 태스크의 스탬프를 무효화하고 기본 빌드 태스크들을 실행한다. 그것은 일부 특정 태스크에서 수정을 확신하는 경우 유용하다. 예를 들어, 예제의 configure 태스크에서 에러를 만났고, 그 에러를 고쳤다. 이제 패키지의 모든 가능한 태스크가 실행되길 원한다. -c 옵션을 사용한다면 다음 명령어 조합을 사용해야 한다.

```
$ bitbake -c compile busybox
$ bitbake busybox
```

옵션 -C를 사용하는 경우는 아래 한 줄의 명령어만으로 가능하다.

```
$ bitbake -C compile busybox
```

이 명령어들은 첫 번째 명령어가 끝나기 위해 기다리는 시간을 절약할 수 있고 두 번째 것을 수동으로 실행할 수 있다.[1]

자세한 로그(-v, --verbose)

일반적인 이 명령어는 비트베이크의 로그 메시지 레벨을 증가시킨다. 로그 메시지 데이터는 터미널에서 볼 수 있다.

디버그 레벨(-D, --debug)

이 명령어는 디버그 레벨을 증가시키고, 여러 번 명시할 수 있다. 예를 들어 -DDD 옵션은 로그와 디버깅 정보로 터미널에 엄청나게 많은 메시지를 출력하게 한다. 아마 이것을 사용하면 너무 길어 후회할 것이고, 디버깅의 더 좋은 방

---

1 -C 옵션을 사용하면 지정한 태스크 뒤에 이루어지는 모든 태스크를 실행하지만, -c와 -f 옵션의 조합을 사용하면 지정한 특정 태스크만 실행한다. - 옮긴이

법들을 찾아야 할 것이다. 학습의 목적으로는 유용하고 실제 비트베이크가 동작하는 것을 볼 수 있다.

모의 실습(-n, --dry-run)

실제 어떤것도 실행하지 않고, 단지 메타데이터만 훑어본다.

파싱만 진행(-p, --parse-only)

비트베이크는 파싱만 하고 종료한다. 빌드 패키지의 다음 단계를 진행하지 않는다.

버전 보여주기(-s, --show-versions)

이 옵션은 모든 예제들이 선호하는 버전을 보여준다. 특정 패키지가 실제 빌드에 사용하는 버전을 알기 위해 사용할 수 있다.

환경변수 얻기(-e, --environment)

이 옵션은 매우 유용하다. 예제가 동작할 때 욕토 프로젝트, 비트베이크 툴에서 맥가이버 칼과 비슷한 존재이다. 실제 어떤 동작을 하는지 어떤 변수가 무슨 값을 사용하는지 아는 것이 필요하다. 이 옵션은 이러한 자세한 것들을 아는 데 도움을 준다. 파일로 이 옵션의 결과를 리다이렉트시켜 저장하고 grep 유틸리티나 선호하는 텍스트 편집기를 사용하여 필요한 정보를 얻을 수 있다. 예를 들면, SRC_URI 변수의 값을 알고 싶을 때가 있다. 이 경우 여러 파일에 값을 할당하는데, 환경변수를 사용하여 할당된 마지막 값을 찾을 수 있다. 그러한 경우 다음과 같은 명령어를 사용하여 찾을 수 있다.

```
$ bitbake -e busybox > busybox.txt
```

이제 실제 값을 찾기 위해 다음 명령어를 사용한다.

```
$ grep SRC_URI= busybox.txt
```

다음과 비슷한 결과를 얻을 수 있다.

SRC_URI="http://www.busybox.net/downloads/busybox-1.22.1.tar.
bz2;name=tarball file://get_header_tar.patch file://busybox-appletlib-
dependency.patch file://busybox-udhcpc-no_deconfig.patch file://busybox-
cron busybox-udhcpd simple.script   file://find-touchscreen.sh file://
busybox-httpd file://default.script file://hwclock.sh file:// file://
busybox conf syslog.default file://umount.busybox busybox-syslog.
service.in in file://fail_on_no_media.patch file:// run-ptest file://
inetd.conf file://inetd file://login-utilities.cfg file://0001-build-
system- Specify-nostldlib-when-linking-to-.o-fi.patch "

이 실행 결과는 SRC_URI에 할당된 많은 파일을 포함한다. 이 경우 이 파일들은
한 군데서 심지어 같은 곳에서 할당되지 않을 수 있다. 이러한 것이 어떻게 발
생했는지를 알기 위해 다음 장에서 bbappend와 레이어에 대해 설명한다.

 환경변수에서 값을 찾을 때, 할당된 최종 값을 얻기 위해 변수 이름에 =을 같이 사용하는
것을 추천한다.

의존성 그래프 생성(-g, --graphviz)

이 옵션을 사용하여 타깃의 의존성 정보를 생성할 수 있다. 이 정보는 .dot 확
장자를 가진 dot 문법으로 저장된다. 이러한 dot 파일은 그래프 파일들을 생
성하는 데 사용할 수 있다. 직접 이 dot 파일을 생성하는 그래프로 시간을 절
약하고 당면한 문제를 조사에 집중하는 데 사용할 수 있다. 반복되는 의존성을
배제하기 위해 -I 옵션과 함께 사용하는 것이 좋다. 예를 들어 core-image-

minimal 이미지의 의존성 트리를 생성하고 싶으면, 다음 명령어를 사용할 수 있다.

```
$ bitbake -g -I glib -I dbus -I busybox -I zlib core-image-minimal
```

다음과 같이 따로 설명할 필요 없이 4개의 파일이 생성되는 것을 볼 수 있다.

```
NOTE: PN build list saved to 'pn-buildlist'
NOTE: PN dependencies saved to 'pn-depends.dot'
NOTE: Package dependencies saved to 'package-depends.dot'
NOTE: Task dependencies saved to 'task-depends.dot'
```

이전 명령어에서 glib, dbus, busybox에 대한 반복적인 의존성들을 제거했다.

로그 레벨(-l DEBUG_DOMAINS, --log-domains=DEBUG_DOMAINS)

이 옵션을 사용하면 설정된 값에 따라 디스크에 저장하는 로그 레벨을 설정할 수 있다.

프로파일(-P, --profile)

이 옵션은 명령어를 프로파일링하고 빌드 디렉토리에 결과를 저장한다.

UI 설정(-u UI, --ui=UI)

이 옵션을 사용하여 UI 종류를 선택할 수 있다. 사용 가능한 UI는 knotty, hob, depexp가 있다.

셰어드 스테이트 미사용(--no-setscene)

이 옵션은 셰어드 스테이트 기능을 사용하지 않게 한다. 기본적으로 비트베이크는 이미 빌드한 패키지를 재빌드하지 않도록 한다. 셰어드 스테이트가 이 기능을 하도록 하는데, 이 옵션은 비트베이크가 셰어드 스테이트를 패키지 빌드에 사용하지 않도록 한다. 하지만 이때는 처음부터 모든 빌든 것들을 빌드하여 시간이 오래 걸린다.

정리

이번 장에서는 비트베이크의 간략한 역사에 대해 알아보았다. 또한 임베디드 리눅스 개발에 특정 옵션을 제공하는 비트베이크의 목적, 문제 영역, 동작 방식에 대해서도 알아보았다. 마지막으로 중요한 것들을 설명하기 위해 예제를 사용하여 비트베이크의 여러 옵션들을 살펴보았다.

3장에서는 기본 helloworld 예제를 생성하는 방법에 대해서 알아보고 예제의 여러 요소들에 대해 설명할 것이다.

3
helloworld 예제 생성

2장에서 비트베이크bitbake의 역사, 옵션, 동작하는 방식에 대해 알아보았다. 이 장에서는 가장 기본적인 helloworld라는 첫 번째 데모 애플리케이션을 생성한다. 이 애플리케이션을 생성하고 실행하는 데 많은 노력이 필요하지 않다. 이 장에서는 다음과 같은 것을 알아본다.

● 예제의 기본 요소 학습

● 작업, 빌드 디렉토리 내용 학습

● 태스크 전체 개요 학습

● 패키지 배포 방법 학습

helloworld 생성

욕토 프로젝트Yocto Project는 예제를 쉽게 생성하기 위한 스크립트 제공한다. 이 책에서 이 스크립트에 대해 배울 수 있다. helloworld 예제를 생성하기 위해 yocto-layer 스크립트를 사용할 것이다. 이 스크립트는 포키poky의 scripts 디렉토리에서 찾을 수 있다. 주로 이 스크립트는 예제를 여러 집합으로 정리하는 데 사용되는 레이어를 생성한다. 현재 이미지 생성을 위해 첫 장에서 만들었던 포키 디렉토리의 내용들을 찾아보면 다음 디렉토리들을 볼 수 있다. 이 디렉토리 각각이 레이어이고 find 명령어를 사용하여 찾을 수 있다.

```
$ find . -name layer.conf
./meta/conf/layer.conf
./meta-skeleton/conf/layer.conf
./meta-yocto-bsp/conf/layer.conf
./meta-yocto/conf/layer.conf
./meta-selftest/conf/layer.conf
```

이 모든 레이어는 포키에 있는 레이어들이고 메타데이터를 관리하기 위해 수정하는 것을 권장하지 않는다. 기술적으로 불가능한 것은 아니지만 개발 방법론적으로 추천하지 않는다. 그래서 앞에서 언급하는 스크립트를 사용하여 자신만의 새로운 레이어를 생성하여 사용하는 것을 추천한다. 이를 위한 예제 예제를 생성하기 위해 yocto-layer 스크립트가 필요하다. 얼마나 간단한지, 다음 명령어를 보면 알 수 있다.

```
[irfan@pkl-irfan-ubuntu]$ scripts/yocto-layer create ybdevelop
Please enter the layer priority you'd like to use for the layer: [default: 6]
Would you like to have an example recipe created? (y/n) [default: n] y
Please enter the name you'd like to use for your example recipe: [default: example] helloworld
Would you like to have an example bbappend file created? (y/n) [default: n]

New layer created in meta-ybdevelop.

Don't forget to add it to your BBLAYERS (for details see meta-ybdevelop\README).
```

▲ 욕토 프로젝트 레이어 스크립트 실행

그림에서 보면, 전체 4개 옵션이 보인다. 첫 번째와 마지막 옵션은 기본으로 선택한다. 두 번째 옵션에서, 예제 예제를 생성하기 위해 y를 선택한다. 그리고 생성하기를 원하는 예제 예제의 이름은 helloworld로 지정한다.

이 레이어를 사용 가능하도록 하기 위해, build_bbb/conf 디렉토리의 bblayers.conf 파일에 생성된 레이어의 경로를 추가해야 한다.

```
BBLAYERS ?= " \
    /home/irfan/yocto/poky/meta \
    /home/irfan/yocto/poky/meta-yocto \
    /home/irfan/yocto/poky/meta-yocto-bsp \
    /home/irfan/yocto/poky/meta-ybdevelop \
    "

BBLAYERS_NON_REMOVABLE ?= " \
    /home/irfan/yocto/poky/meta \
    /home/irfan/yocto/poky/meta-yocto \
    "
```

이 스크립트는 앞의 그림에서 본 디렉토리 구조처럼 생성하지만, 앞으로 편의성을 위해 이 구조를 약간 변경할 것이다. 다른 예제 디렉토리의 recipes-example 디렉토리를 명확하게 사용하기 위해 helloworld 예제 디렉토리 이름도 변경할 것이다. 이 명령어로 생성된 내용은 다음 그림에서 볼 수 있다. 이 장에서는 helloworld 예제인 직사각형 영역에 관심을 가지고 살펴볼 것이다. 레이어 관련 설명은 앞으로 나올 장에서 추가적으로 설명할 것이므로 여기서는 생략한다. 이 장에서는 주로 다음 파일들과 관련된 것을 설명할 것이다.

- helloworld_0.1.bb
- helloworld.c
- example.patch

첫 번째 것은 기본 예제 파일이다. 오랫동안 예제라는 단어를 사용해왔다. helloworld_0.1.bb는 helloworld 파일을 위한 예제다. 이 파일이 포함하고 있는 것을 보고 각 줄이 나타내는 의미에 대해서 살펴본다.

```
[irfan@pkl-irfan-ubuntu]$  tree meta-ybdevelop/
meta-ybdevelop/
├── conf
│   └── layer.conf
├── COPYING.MIT
├── README
├── recipes-example
│   └── example
│       ├── helloworld-0.1
│       │   ├── example.patch
│       │   └── helloworld.c
│       └── helloworld_0.1.bb

4 directories, 6 files
```

▲ 레이어 내용들

helloworld 예제 내용

예제 파일은 패키지를 생성하기 위해 비트베이크가 수행할 실제 명령어와 행동의 집합이다. 비트베이크가 요리 용어인 베이킹으로부터 영감을 얻은 것처럼 예제 이름 또한 요리의 예제에 의해 영감을 받았다. 여기서 사용하는 것은 helloworld_0.1.bb이고 이 예제의 내용에 대해 살펴본다.

- 이 파일의 제일 위에 욕토 프로젝트 문서에서 파생되었다는 어원에 대한 설명을 포함한다.
- DESCRIPTION: 이 변수는 문자열을 포함한다. 사용자들이 이 예제가 무엇인지에 대해서 알게 하기 위한 설명을 제공한다.
- SECTION: 이 변수는 예제의 유형을 명시한다. example, utility, graphics, kernel 등이 될 수 있다.

- LICENSE: 예제가 사용하길 원하는 라이선스 유형을 명시한다. MIT, BSP, GPL, 또는 커스텀 라이선스가 될 수 있다. 하지만, 다음에 오는 변수 LIC_FILES_CHKSUM에서 선택된 라이선스 파일을 제공해야 한다.

- LIC_FILES_CHKSUM: md5sum 명령어의 결과 값과 같이 라이선스 파일을 명시해야 한다. 여기에서는 라이선스의 공통 모음에 있는 MIT 라이선스를 사용할 것이다. 이 라이선스 모음은 포키의 meta/files/common-licenses/ 디렉토리에 있다. 다음 md5sum 명령어를 사용하여 파일의 MD5 체크섬 값을 얻어낼 수 있다.

```
$ md5sum meta/files/common-licenses/MIT
0835ade698e0bcf8506ecda2f7b4f302 meta/files/common-licenses/MIT
```

이 체크섬 값을 사용하여 그 내용이 같은 것을 확인할 수 있다.

 라이선스 파일의 정확한 MD5 체크섬 값을 표기하지 않으면 빌드 에러가 발생한다. 에러가 발생할 때 비트베이크는 정확한 값을 알려주고, 대부분의 경우 그것을 사용하면 된다.

- PR: 이 변수는 helloworld 패키지 리비전이다. 이 경우 기본 값인 r0로 설정하고, 예제에서 재정의할 수 있다.

- SRC_URI: 이 변수에 빌드를 원하는 소스가 무엇인지에 대해 표기한다. 이 예제의 경우 helloworld.c 빌드하는 것을 원하고, 이 파일은 디스크의 helloworld-0.1 디렉토리에 있다. 이 디렉토리는 -과 _의 미묘한 차이와 접미사에 .bb가 없는 것을 제외하고는 예제 이름과 거의 비슷하다. 이 디렉토리에 있는 모든 파일들은 SRC_URI에서 접근 가능하다.

- S: 빌드를 하고 소스가 다운로드될 것으로 예상되는 소스 디렉토리가 명시된다. 이 예제에서는 WORKDIR에 S를 설정한다. 우선 이것을 기억하고, 잠시 후 확장하는 방법과 어떤 값으로 실제 어디에 생성될 것인가를 본다.

- do_compile: 이것은 비트베이크 태스크이다. 기본 설정된 태스크를 재정의하고 컴파일을 하기 위해 원하는 명령어를 사용한다. helloworld.c를 컴파일하여 helloworld 바이너리를 생성하기 위해 컴파일러를 실행하게 한다.

- do_install: 이것은 또 다른 비트베이크 태스크이다. 기본 행동 방식을 재정의하고 원하는 명령을 사용한다. 첫 번째 명령은 변수 D의 경로에 디렉토리를 생성한다. 이 위치에 생성된 디렉토리는 /usr/bin인 bindir 변수로 설정된다. 다음 명령으로, helloworld 바이너리는 바로 생성된 디렉토리로 복사된다.

예제 네이밍 규칙과 관련 변수

예제는 다음 규칙을 사용하여 명명된다.

```
<package>_<version>.bb
```

차례대로 이 이름은 PN과 PV로 명명된 두 변수로 해석된다. PN은 패키지 이름Package Name이고 PV는 패키지 버전Package Version을 나타낸다. 이 변수들은 예제에서 사용할 수 있고 다양한 조작을 위해 광범위하게 사용될 수 있다. 예를 들어, PN은 PROVIDES에 추가되었고 비트베이크는 PROVIDES로 설정된 모든 것을 빌드한다. 이 경우 어디에서든 명시적으로 PROVIDES 값을 정의하지 않는다. 이것은 PROVIDES가 PN으로 설정되어 있기 때문이다. 또 다른 경우 PN은 개발자가 설정하기도 한다.

예제 빌드

이제 예제를 생성하였고, 빌드할 준비가 되었다. 다음과 같이 bitbake <recipe name> 명령어만 실행하면 예제가 빌드된다는 것을 앞에서 설명했다.

```
$ bitbake helloworld
```

 비트베이크 명령을 실행하기 전 다음 명령어를 이용하여 환경변수를 설정해야 한다.
```
$ source oe-init-build-env build_bbb
```

간결성을 위해 이 명령의 결과는 생략한다. helloworld 애플리케이션/ 패키지/예제를 빌드한다. 그리고 생성된 helloworld 바이너리는 tmp/ work/cortexa8hf-vfp-neon-poky-linux-gnueabi/helloworld/0.1-r0/ helloworld에서 볼 수 있다. 특정 패키지가 어디에 위치하는지 어떻게 알 수 있을까? 이것을 위해 find 명령어를 실행할 필요가 있을까? 또는 찾는 특별한 기준이 있을까? 그렇다. 아래에 찾는 기준이 있다. 이것을 찾기 위해 WORKDIR 변수가 설정되는 방법에 대해 알아볼 필요가 있다. poky/meta/conf/ 디렉토리에 있는 bitbake.conf 파일에서 WORKDIR 변수를 찾아보면 다음과 같이 정의되어 있다.

```
WORKDIR = "${BASE_WORKDIR}/${MULTIMACH_TARGET_SYS}/
${PN}/${EXTENDPE}${PV}-${PR}"
```

이 구성 변수들을 이해하면 난제를 해결할 수 있다.

- BASE_WORKDIR: 이 변수는 ${TMPDIR}/work 디렉토리로 정의된다.
- TMPDIR: 이 변수는 build_bbb라는 빌드 디렉토리에 tmp라는 이름을 가진 디렉토리다.

- MULTIMACH_TARGET_SYS: 이 변수는 타깃 시스템 식별자이다. 이 경우 cortexa8hf-vfp-neon-poky-linux-gnueabi이며 machine.conf 파일에 사용된 tune 파일에 따라 설정된다.

- PN: helloworld라는 패키지 이름이다.

- PV: 0.1로 정의된 패키지 버전이다. 그래서 다음 디렉토리는 그것을 접두사로 사용한다.

- PR: 여기서 r0으로 설정된 패키지 리비전이다.

 이 예제에서 PR = "r1"로 변경하고 bitbake helloworld를 다시 실행시키고 나서, tmp/work/cortexa8hf-vfp-neon-poky-linux-gnueabi/helloworld 디렉토리를 가보면 0.1-r1 디렉토리가 새로 생성된 것을 볼 수 있다. 비슷하게 PR과 PN을 변경할 수도 있고, 빌드하면 디렉토리가 다른 것을 볼 수 있다. 예제가 갱신될 때 같이 갱신되고, 비트베이크는 이것들을 처리한다.

빌드 디렉토리

WORKDIR 디렉토리를 빠르게 살펴본다. 대부분 이 디렉토리들은 관련된 태스크가 실행될 때 생성되고 추가된다. 이것을 좀 더 알아보기 위해 다음 명령을 실행한다.

```
$ tree tmp/work/cortexa8hf-vfp-neon-poky-linux-gnueabi/
helloworld/0.1-r0/ -dL 1
```

다음은 이 명령어의 결과이다.

```
tmp/work/cortexa8hf-vfp-neon-poky-linux-gnueabi/helloworld/0.1-r0/
├── deploy-ipks
├── image
├── license-destdir
```

```
├─ package
├─ packages-split
├─ patches
├─ pkgdata
├─ pseudo
├─ sysroot-destdir
└─ temp
```

간단한 설명과 함께 각각의 디렉토리에 대해 살펴본다.

- deploy-ipks: 최종 패키지(이 경우 ipk)가 이 디렉토리에 위치한다.

- image: 이미지 내용들이 이 디렉토리에 위치한다. do_install 태스크는 각 패키지에 추가하기 전 이 디렉토리에 내용물을 설치한다.

- license-destdir: 라이선스 관련된 정보가 이 디렉토리에 있다.

- package: 패키지가 생성되는 과정 동안 패키지 데이터가 포함되는 공유된 공간이다.

- packages-split: 패키지들이 여러 형태로 분리되고 관련된 데이터가 이 디렉토리에 위치한다.

- patches: 이 디렉토리에는 패치들의 심볼릭 링크가 있다.

- pkgdata: 이 디렉토리는 패키지가 분리되가 전 패키지 데이터가 있다.

- pseudo: 비트베이크 데이터베이스는 처리 속도를 높이기 위해 pseudo를 사용한다.

- sysroot-destdir: 이 디렉토리의 내용물들은 tmp의 sysroot 디렉토리에 복사된다.

- temp: 태스크의 모든 스크립트와 각 태스크의 로그 파일은 이 디렉토리에 PID와 함께 생성된다.

태스크

이 주제도 오랫동안 나왔었다. 이전 장에서 태스크를 설명했지만 자세히 다루지는 않았다. 태스크란 특정 기능이나 함께 조합될 수 있는 관련 기능의 집합을 수행하기 위한 실행 단위로 생각할 수 있다. helloworld 태스크들은 다음과 같이 비트베이크의 -c listtasks 옵션을 사용하면 알 수 있다.

```
$ bitbake -c listtasks helloworld
```

기본 예제 리스트조차도 20개 이상의 태스크가 있다. 실행 결과에서, 각 태스크는 참고할 수 있는 간단한 설명을 볼 수 있다. 여기서는 이 리스트들을 생략한다. 대부분 태스크는 예제에서 볼 수 없다. 왜? 사용자가 태스크들을 재정의하지 않고 자동으로 기본 정의된 구현체를 사용하기 때문이다. 모든 태스크들은 do_라는 접두사를 붙인다. 여기에서는 개발하는 데 많이 사용하는 공통 태스크에 대해 설명한다.

build

이것은 특정 태스크가 없을 때 비트베이크가 실행하는 플레이스홀더 태스크와 같다. 비트베이크가 이 특정 태스크를 실행하기 위해 어떤 것을 할 필요가 없다. 단순하게 none을 하면 이것이 선택된다. 이제 실행할 때 논리적으로 연속적인 다른 태스크를 살펴본다.

 다음에 설명할 태스크들을 더 잘 이해하기 위해, 비트베이크의 -c 옵션을 실행하고 관련 디렉토리의 내용을 분석하는 것을 추천한다.

fetch

우선 빌드하기 위해 패키지의 소스를 다운로드한다. do_fetch 태스크는 이 동작을 수행한다. 예제의 SRC_URI 변수를 보면, 소스 코드를 어디서 받을 수 있는지 알 수 있다. 이 예제에서는 디스크에 있는 helloworld.c 파일을 file:// 프로토콜을 사용해서 받을 수 있다. 이 태스크를 끝내면, SRC_URI로 명시된 모든 내용물은 첫 장에서 설명한 downloads 디렉토리인 DL_DIR에서 사용할 수 있게 만들어진다. 실제 어떤 일이 발생하는지 이해하기 위해서 bitbake -c fetch helloworld를 실행해보면 이 디렉토리에 새로운 파일들이 생성된 것을 볼 수 있다.

unpack

다음 단계는 ${PV}-${PR} (0.1-r0) 디렉토리에 downloads 디렉토리의 내용들을 옮겨 놓는 것이다.

"${BASE_WORKDIR}/${MULTIMACH_TARGET_SYS}/${PN}/${EXTENDPE}${PV}-${PR}"

이 예제의 경우, 경로는 tmp/work/cortexa8hf-vfp-neon-poky-linux-gnueabi/helloworld/0.1-r0/이 되고 이 디렉토리에 helloworld.c 파일이 포함되어 있다.

patch

SRC_URI에 패치 파일을 명시했으면, do_unpack 태스크가 끝난 후 ${PV}-${PR}/ 디렉토리에 모든 패치 파일들이 위치하게 된다. 이 태스크에서는 패치 파일들을 소스 코드에 적용한다.[1] helloworld 예제에서 결과를 변경하기 위해

---

1 기본적으로 확장자가 .patch 또는 .diff일 경우만 소스 코드에 패치 파일이 자동으로 적용된다. – 옮긴이

패치를 만들었고 Hello World! Patched가 출력되는 것을 볼 수 있다.

configure

이 태스크는 빌드를 하기 위해 패키지가 필요한 환경 설정을 한다. 비트베이크는 개발 과정에서 쉽게 사용할 수 있는 이것의 기본 구현을 제공한다. 여기서 사용하는 예제 예제는 간단해서 이 태스크가 필요 없다. autotools (helloworld가 configure.ac를 사용하면)를 사용하면 예제에 autotools를 상속하고, 예제에 추가적으로 어떤 내용도 적지 않아도 된다. 이 예제에서 기본 설정을 재정의하기를 원하면 추가적으로 EXTRA_OECONF 변수를 사용하면 된다. 다음은 환경 설정을 위한 명령어가 있다.

```
EXTRA_OECONF += "--enable-something"
```

고급 예제에서 이것을 사용한 예제들을 볼 수 있다.

compile

예제 예제에 이 태스크를 재정의한다. Makefile을 생성했다면 oe_runmake와 같은 것을 사용할 수 있다. autotools를 사용하는 예제에서는 이 태스크를 재정의할 필요가 없다. configure에서 했던 것과 같이 EXTRA_OEMAKE 변수를 사용하여 추가적인 인자를 설정할 수 있다. 이것의 기본은 make 유틸리티를 실행하는 것이다. 컴파일은 B 변수가 가리키는 디렉토리에서 진행된다. 이 변수는 S와 같고 이 예제에서 S는 WORKDIR 변수와 같게 만들었다.

install

예제 예제에서 생성한 이 태스크에 Makefile이 있으면 make install을 기본적으로 실행한다. 그러므로 컴파일된 내용들은 D 변수에 의해 가리키는 디렉토리로 복사된다. D 변수는 앞장에서 설명했듯이 image 디렉토리를 가리키고 있다.

package

이 태스크는 image 디렉토리인 D 변수에 의해 가리키는 디렉토리에 있는 데이터 분석을 수행하고, 분석된 데이터를 packages 디렉토리에 복사한다. 분석한 내용을 기반으로 패키지 종류에 맞는 디렉토리에서 데이터를 packages-split 디렉토리로 복사한다. 이 예제의 경우 packages-split 디렉토리의 내용들을 보면, helloworld와 helloworld-dbg 두 패키지가 있다.

package_write_<package> 구문은 선택된 유형을 기반으로 패키지를 생성한다. 이 경우, ipk를 만들고, deploy-ipks/cortexa8hf-vfp-neon/ 디렉토리를 보면 그 패키지들이 있다.

bitbake -c 옵션을 사용할 때 listtasks 유틸리티 태스크는 예제에서 사용할 수 있는 태스크들을 열거한다.

devshell

이것은 개발 과정에서 예제를 디버깅하는 데 유용한 태스크이다. 분리된 셸을 실행하고 이미 설정된 환경변수를 얻을 수 있다. 무엇이 잘못되었는지를 실험하고 찾는 것을 시작하는 데 사용할 수 있다.

clean

이 태스크 또한 유틸리티 태스크이고 모든 예제에서 사용 가능하다. 이것은 unpack 이후에 수행했던 모든 태스크의 결과물을 제거한다.

cleansstate

do_clean에 추가로 셰어드 스테이트 데이터를 제거한다.

다음 특정 패키지의 셰어드 스테이트까지 지우는 명령이다.

```
$ bitbake -c cleansstate libusb
```

패키지의 셰어드 스테이트를 지우는 것은 특정 태스크의 컴파일이 진행되는 동안 시스템에서 전원이나 다른 이유와 같이 예상치 않은 빌드 실패가 발생했을 때 유용하다. 재시작 후 패키지의 에러 상태 때문에 컴파일 시 특정 패키지에서 에러가 발생할 수 있다. 에러를 추적하는 것이 어려울 때, 위의 명령으로 이 문제들을 해결할 수 있다.

cleanall

do_cleansstate 에 추가적으로 DL_DIR에 있는 다운로드된 데이터를 삭제한다.

기본 태스크 재정의

다음과 같이 빈 구현을 함으로써 기본 태스크를 재정의할 수 있다.

```
do_<taskname>() {
    :
}
```

helloworld 배포

이 책에서는 임베디드 시스템을 다루고, 비글본 임베디드 보드를 위한 패키지를 생성한다. 패키지만 준비하는 것은 이해하기 쉽지 않다. 호스트 시스템에서 패키지를 실행할 수 없다. 그래서 다음 논리적 단계에서 실제 임베디드 보드에 패키지를 넣는다. 단순한 예제로 간단한 컴파일 단계를 거쳐 보드에 바이너리를 복사하고 실행한다. 하지만 이러한 방법을 사용하여 1,000개 이상의 패키지를 동일한 방법으로 하는 것은 간단한 BSP에서조차 악몽이 된다. 이런 이유로 욕토를 사용하여 예제를 보드에 배포하기 위해서 다음 두 가지 방법을 사용한다.

수동 패키지 설치

SSH 또는 다른 기술을 이용하여 보드에 tmp/deploy/ipk/cortexa8hf-vfp-neon/helloworld_0.1-r0_cortexa8hf-vfp-neon.ipk 패키지를 수동으로 복사할 수 있다. SD 카드에 복사하고 보드에 설치하기 위해 다음 명령어를 사용할 수 있다.

```
# opkg install helloworld_0.1-r0_cortexa8hf-vfp-neon.ipk
```

이것은 패키지를 배포/설치하는 깔끔하고 체계적인 방법이 아니다. 이 경우는 작은 수의 패키지를 다루거나, 실험을 할 때 사용할 수 있다.

패키지에 이미지 의존성 생성

이것을 하기 위해 다음처럼 local.conf 또는 auto.conf 파일에 CORE_IMAGE_EXTRA_INSTALL 변수를 설정하고 helloworld를 추가할 필요가 있다.

```
CORE_IMAGE_EXTRA_INSTALL += "helloworld"
```

그리고 나서, `core-image-sato` 이미지를 빌드한다.

```
$ bitbake core-image-sato
```

이것은 helloworld를 이미지의 일부로 빌드하고 원하는 루트 파일 시스템 위치에 설치할 것이다.

정리

이번 장에서 레이어를 생성하는 욕토 프로젝트 스크립트를 사용하여 helloworld 예제를 생성했다. 필요에 맞게 약간 수정을 했고, 예제에 포함된 여러 요소들을 설명했다. 예제를 빌드하고 디렉토리 구조에 맞게 생성된 내용들을 보았다. 마지막으로 타깃에 배포하는 방법에 대해서도 알아보았다.

4장에서는 비글본 보드에 멀티미디어를 추가하기 위해 gstreamer를 예제로 사용하는 복잡한 예제에 대해 알아볼 것이다.

4

비글본 보드에
멀티미디어 추가

3장에서 helloworld 예제를 생성했고, 그 예제와 관련된 비트베이크bitbake 예제의 기본 요소들에 대해 알아보았다. 이 장에서는 멀티미디어와 관련된 조금 더 복잡한 예제에 대해 살펴본다. 새로운 예제를 생성하지 않고, 기존에 있는 gaku로 불리는 플레이어를 검토한다. 운 좋게도, 첫 장에서 빌드한 core-image-sato 이미지에 모든 설정이 되어 있다. 이것을 특정 이미지만을 위해 활성화하는 방법과 다른 이미지에서 이와 같은 패키지를 재사용할 수 있는 방법에 대해 알아본다. 동시에, 비트베이크의 고급 요소들에 대해서도 함께 알아본다.

이 장에서 다음과 같은 주제를 다룬다.

- gaku 소개
- gaku 예제
- gstreamer 예제의 간략한 분석
- 실제 동작

gaku 소개

gaku는 음악을 재생하는 간단한 플레이어이다. 사용자 인터페이스로 GTK+를, 멀티미디어 프레임워크로 gstreamer를 사용한다. 1장에서 `core-image-sato` 이미지에 이미 이들이 추가되어 있고, 활성화하기 위해 어떤 추가적인 작업도 할 필요가 없다. 여기에서는 gaku를 활성화하는 방법과 의존성 있는 패키지가 무엇인지에 대해서 알아보기 위해 하향식top-down으로 설명한다.

플레이어 예제를 분석하는 것부터 시작한다. 그리고 그 의존성을 자세히 알아보고 필요한 예제와 gstreamer 예제도 함께 살펴본다. 그 사이에 다른 비트베이크 요소들과 문법에 대한 설명도 한다.

요약하면, `core-image-sato`의 경우 packagegroup-core-x11-sato.bb라는 패키지 그룹에 gaku를 추가함으로써 멀티미디어가 활성화된다. 이 패키지는 그것을 실행하고 빌드하기 위해 추가 의존성들을 차례로 처리한다. 이 패키지는 meta/recipes-sato/packagegroups/packagegroup-core-x11-sato.bb에서 찾을 수 있다.

이 파일의 57번째 줄은 플레이어를 추가하는 것이다. 다음 장에서 레이어에 만드는 패키지 그룹에 대해 자세히 설명할 것이다.

gaku 예제

gaku 예제는 meta/recipes-sato/gaku/gaku_git.bb에서 찾을 수 있다. 대부분의 요소들은 이미 설명했다. 설명하지 않은 요소들 또는 추가적인 설명이 필요한 것들에 대해 알아본다. 예제에서 사용했거나 사용하지 않았던 비슷한 다른 옵션들뿐만 아니라 관련된 내용들에 대해서도 알아본다.

패키지 제어 변수

여기에서는 패키지를 제어하는 데 사용하는 변수들에 대해 알아본다. 이 유형에 속하는 세 가지 변수들은 예제 예제에서 발견할 수 있다. 이 외에 다른 변수들도 설명한다.

빌드 의존성(DEPENDS)

이미 gaku가 UI로 GTK+를, 멀티미디어 프레임워크로 gstreamer를 사용하는 것을 알고 있다. 다음은 이것들에 대한 의존성 설정이다.

```
DEPENDS = "gtk+ gstreamer libowl-av"
```

libowl-av는 멀티미디어 애플리케이션을 쉽게 생성할 수 있는 비디오와 오디오 재생을 위한 위젯을 제공하는 위젯 라이브러리이고, 이것들은 gstreamer에 통합되어 있다.

 태스크에 관해 이야기하자면, do_configure는 그 패키지에 의존성이 있는 패키지의 do_populate_sysroot 태스크에 의존성이 있다.

런타임 의존성(RDEPENDS)

런타임 의존성이 있는 패키지가 루트 파일 시스템에 없을 때, 관련 패키지는 실행할 수 없다. 이러한 런타임 의존성은 RDEPENDS_${PN}을 사용하여 정의할 수 있다. 이 메커니즘은 패키지 이름 재정의라고 부른다. 따라서 이 런타임 의존성은 특정 패키지에 설정된다. 이 문법의 유형은 욕토 프로젝트 1.4 이전 버전에서는 사용하지 않지만, 지금은 필수이다.

```
RDEPENDS_${PN} = "gst-plugins-base-audioconvert \
                  gst-plugins-base-audioresample \
                  gst-plugins-base-typefindfunctions \
                  gst-plugins-base-playbin"
```

이미 알고 있듯이, gstreamer 플러그인의 base 집합들과 관련되었으므로, 이 패키지들은 base를 포함한다. 메타 레이어에 이 패키지들을 각각 위치시키고자 한다면, 성공할 수 없을 것이다. gstreamer는 복잡한 구성을 사용한 예제의 큰 집합이기 때문에, 여기서 그것을 선택하였다.

 태스크 관련 이야기를 하면, 패키지의 do_build는 런타임 의존성에 리스트되어 있는 패키지의 do_package_write_ipk에 의존성이 있다.

런타임 의존성 추천(RRCOMMENDS)

이 패키지들은 추가적인 기능들을 필요로 한다. 이 패키지를 건너 뛰어도 어떤 런타임 의존성 에러들도 발생하지 않는다. 하지만 다음 제공된 기능은 확실히 이용할 수 없다.

```
RRECOMMENDS_${PN} = "gst-plugins-good-id3demux \
                     gst-plugins-base-vorbis \
                     gst-plugins-base-alsa \
                     gst-plugins-base-ogg \
                     ${COMMERCIAL_AUDIO_PLUGINS}"
```

COMMERCIAL_AUDIO_PLUGINS는 1장에서 설명한 local.conf에 정의할 필요가 있는 변수이다. 어느 상업적 오디오 플러그인들을 필요로 하지 않으면, 이것들을 걱정할 필요가 없다. 하지만, MP3와 같은 상업적 라이선스를 가진 포맷이 필요하면, 그 포맷들을 활성화해야 한다. 이 플러그인들은 상업적 포맷이이기 때문에 라이선스를 화이트 리스트에 추가해야 한다. 그렇지 않으면 에러가 발생한다.

이 경우 다음 플러그인들 모두 사용하기 위해 local.conf에 다음 코드를 적는다.

```
LICENSE_FLAGS_WHITELIST = "commercial"
COMMERCIAL_AUDIO_PLUGINS = "gst-plugins-ugly-mad \
          gst-plugins-ugly-mpegaudioparse"
```

첫 번째 줄은 상용 라이선스에 대한 화이트 리스트이고, 두 번째 줄은 mad와 mpeg 포맷을 사용하기 위해 플러그인들을 활성화시키는 것이다. 이 화이트 리스트를 사용하면, 비트베이크는 패키지 관련 문제를 발생시키지 않는다. 그렇지 않으면, 여기 상용 라이선스를 가진 gstreamer ugly 플러그인에서 에러를 발생시킨다.

지금부터, 알면 도움이 되지만 이 예제에 없는 패키지 제어 관련 변수에 대해서 설명한다.

RCONFLCTS

이 변수는 패키지 없이 서로 상충되는 패키지들을 명시하기 위해 사용될 수 있다. 예를 들어 x11 외에 wayland 같은 다른 그래픽 서버를 사용하고 X11은 사용하지 않는다면, 다음처럼 이 변수를 사용할 수 있다.

```
RCONFLICTS_${PN} = "x11"
```


RREPLACE

이 패키지가 다른 패키지나 패키지의 집합들로 대체되면 이것을 명시하기 위해 패키지 제어 변수를 사용할 수 있다. 다른 패키지(들)은 이 패키지 설치 과정 동안 제거된다.

```
RREPLACES_${PN} = "package (1.0)"
```

PROVIDES

이 변수의 기본 값은 패키지 이름다. 하지만 예제가 제공하는 것을 명시하기를 원하는 경우가 있다. 이 때, 이 변수를 사용한다. 예를 들어 커널 예제는 virtual/kernel을 제공하고, 머신 설정 파일에서 어떤 예제를 사용할 것인가를 명시한다. 어떤 예제의 DEPENDS에서 이미 PROVIDES에 정의한 것을 추가할 수 있다. PROVIDES의 기본값은 bitbake.conf 파일에 정의되어 있으며 다음과 같다.

```
PROVIDES_prepend = "${PN} "
```

prepend에 대해서 몰라도 걱정할 필요 없다. 곧 간단히 설명할 것이다.

RPROVIDES

이 변수는 명확하게 런타임 시 패키지에 의해 제공되는 것을 명시한다. PROVIDES와 비슷하게 이미 패키지 이름이 RPROVIDES 리스트에 있다. 그렇지 않으면 명시해야 할 필요가 있다. 이 변수는 다른 패키지의 RDEPENDS에서 사용될 수 있다.

예제에서 소스 제어

여기서는 패키지의 소스 제어, 관련된 변수, 문법에 대해 설명할 것이다. 이미 3장에서 짧게 기본 유형인 file:// 프로토콜에 대해서만 설명했다. 이 예제에서는 좀 더 고급 레벨인 git:// 프로토콜을 사용하고 있다. 이것을 이해하면 다른 프로토콜을 좀 더 쉽게 접근할 수 있다. 다음은 예제 예제에 있는 소스 제어 관련 부분이다.

```
SRCREV = "a0be2fe4b5f12b8b07f4e3bd624b3729657f0ac5"
PV = "0.1+git${SRCPV}"
SRC_URI = "git://git.yoctoproject.org/${BPN}"
S = "${WORKDIR}/git"
```

SRCREV

여기에는 빌드에 사용할 커밋 해시값을 명시한다. 다음 문법에서는 사용 가능한 최신의 해시값을 받도록 명시한다.

```
SRCREV = "${AUTOREV}"
```

PV 계산

깃git 저장소에서 패키지 최신 코드를 받도록 선택하고, PV의 변수가 하드 코딩된 값을 사용하면 빌드했던 리비전 값을 알기는 어렵다. 그래서 소스의 리비전을 알기 위해 SRCPV 메커니즘이 있다. 그것은 meta/conf/bitbake.conf에 다음과 같이 정의되어 있다.

```
SRCPV = "${@bb.fetch2.get_srcrev(d)}"
```

0.1+gitAUTOINC+a0be2fe4b5처럼 결과가 나오고, 여기서 PV 계산 값 a0be2fe4b5는 예제에 설정된 짧은 해시값이다.

 다음과 같이 SRCREV를 AUTOREV로 변경한다.

```
SRCREV = "a0be2fe4b5f12b8b07f4e3bd624b3729657f0ac5" to
SRCREV = "${AUTOREV}"
```

그리고 나서 다음과 같이 리빌드한다.

```
bitbake -C cleansstate gaku
```

새로운 ${WORKDIR} 값이 명명된 것을 체크함으로써 다른 점을 확인할 수 있다.

SRC_URI 세부 내용

다음 줄에 소스 주소가 명시되어 있다.

```
SRC_URI = "git://git.yoctoproject.org/${BPN}"
```

주소가 git://로 시작하면 비트베이크는 그것이 깃 저장소인 것을 알고 깃 프로토콜을 사용하게 된다.

또한 다음 문법을 사용하면 로컬 깃 저장소를 사용할 수 있다.

```
SRC_URI = "file:///path/to/path;protocol=file"
```

그리고 다음 문법을 사용하면 https 프로토콜도 사용할 수 있다.

```
SRC_URI = "https://git.yoctoproject.org/${BPN}"
```

추가적으로 위에서 설명한 file 프로토콜처럼 비슷하게 branch=master 문법을 사용하여 브랜치를 명시할 수 있다.

또한 PN 변수에 대해서 이미 설명했지만, 아직 BPN 변수에 대해서는 설명하지 않았다. BPN 변수는 PN 변수와 거의 비슷하다. -native와 -cross와 같이 예제는 다양한 버전을 가질 수 있다. 그런 경우 예제는 ${BPN}-native_${PV}.bb라는 이름을 가진다. 그래서 BPN 변수는 PN 변수에서 추가적인 접미사를 제거하여 만들어 진다. 이 예제의 경우 다음 명령어를 실행해서 나온 환경에서 볼 수 있는 것과 같이 PN과 BPN은 같다.

```
$ bitbake -e gaku > env.txt
```

여기서 grep 명령어를 사용하여 원하는 구문만 가지고 온다.

```
$ grep "PN=" env-gaku.txt
PN="gaku"
BPN="gaku"
```

S 디렉토리

여기서는 git:// 프로토콜만 사용한다. 이 경우 git 이름의 디렉토리는 ${WORKDIR}에 생성될 것이고 저장소에서 온 모든 소스들은 이 디렉토리에 압축이 풀릴 것이다. 다음은 이 디렉토리를 가리키는 설정이다.

```
S = "${WORKDIR}/git"
```

클래스 상속

이 예제에서 컴파일 태스크를 쉽게하기 위해 두 클래스를 상속한다. 이것은 예제의 마지막 줄에서 볼 수 있는 autotools와 pkgconfig이다.

```
inherit autotools pkgconfig
```

이것은 환경 설정과 컴파일을 단순하게 한다. 이 경우 기본 설정과 컴파일을 사용한다.

우선 autotools는 autotools.bbclass를 사용한다. 이 클래스는 configure, compile, install 태스크들을 다룬다. 이런 태스크들에 대해 고민할 필요가 없다. 뒤에 있는 pkgconfig는 pkgconfig.bbclass를 추가하는 것이고 헤더와 라이브러리 정보를 얻기 위한 표준 방법을 제공한다.

 USB 헤드폰을 사용하고 있으면, 기본적으로 비활성화된 관련 커널 설정을 활성화해야 한다. 이를 위해 다음 명령어를 사용해야 한다.

```
$ bitbake -c menuconfig virtual/kernel
```

이 명령은 커널 설정을 하기 위해 새로운 터미널을 실행하게 한다.

gstreamer 예제의 간략한 분석

여기서는 gstreamer 전체, 그 예제, gstreamer로 멀티미디어 애플리케이션 개발을 하기 위해 필요한 다른 정보들에 대해 설명하지 않는다. 대신 여러 예제와 비트베이크 요소들을 찾아보고 설명할 것이다. 우선 gaku 예제를 살펴보면, DEPENDS에 gstreamer가 설정되어 있는 것을 볼 수 있다. 다음은 gstreamer의 주요 예제들이다.

- gstreamer_0.10.36.bb
- gst-plugins-base_0.10.36.bb
- gst-meta-base_0.10.bb
- gst-plugins-package.inc
- gst-plugins.inc

이 예제들은 meta/recipes-multimedia/gstreamer/에서 찾을 수 있다. 이 각 각의 것들과 서로 다른 것들과의 관계를 자세히 살펴볼만큼 충분한 페이지를 가지고 있지 않다. 이런 이유로 이 파일들에서 발견된 공통적인 구조에 대해서만 설명한다.

변수 할당 유형

예제를 살펴보면 "?=", "??="을 볼 수 있다. 이 부분을 자세히 읽는 것을 추천한다. 이것을 다음서 설명할 것이지만 간단하지는 않다.

- =: 단순 변수 할당이다. ""이 필요하고 공백이 중요하다.
- ?=: 변수에 기본값을 할당하는 데 사용된다. =를 사용하여 재정의될 수 있다.

- ??: 약하게 기본값을 할당한다. ?=과 비슷하지만 파싱 과정의 제일 마지막에 있다. 여러 개의 ??=이 있으면 마지막 것이 사용된다.

- :=: 바로 변수 확장이 할당되어 적용된다.

- +=: 공백과 함께 변수 뒤에 값을 추가한다.

- =+: 공백과 함께 변수 앞에 값을 추가한다.

- .=: 문자열 연속의 종류이고, 공백 없이 변수 뒤에 값을 추가한다.

- _append: .=과 같지만 좀 더 읽기 쉽고 널리 사용된다. 또한 변수가 바로 할당되지 않는다. 중요하게 기억할 필요가 있다.

- _prepend: =.과 같지만 좀 더 읽기 쉽고 널리 사용된다. 또한 변수가 바로 할당되지 않는다. 중요하게 기억할 필요가 있다.

- _remove: 변수에 설정된 값을 제거한다.

 잘못된 변수 할당을 사용하고 에러에 직면하는 문제를 가볍게 여기지 마라.

EXTRA_OECONF

EXTRA_OECONF에 많은 값이 할당되어 있는 것을 볼 수 있다. 이것은 autotools 클래스의 입력 변수이다. 이곳에 정의되어 있는 것들은 configure 스크립트의 옵션들이다. 수동으로 configure 스크립트를 실행하면 ./configure에 이 옵션들을 제공하게 된다. 여기서는 autotools 클래스를 사용했다. EXTRA_OEMAKE도 비슷하다. configure 스크립트를 실행하는 동안 이 것을 추가하는 방법에 대해서 이해하기 위해 poky/meta/classes/autotools. bbclass를 살펴봐야 한다.

FILES_ 변수

예제에서 FILES_ 변수를 볼 수 있다. 이 변수는 어떤 파일들이 어떤 패키지 종류에 포함될 것인가에 대해 정의하는 데 사용된다. 각 패키지 종류에서 일부 파일을 포함시키는 것을 실패하고, 그 파일들이 생성되었다면 비트베이크는 경고 메시지를 보여준다. 여기서는 default, dev, dbg, staticdev, apps, glib 패키지를 생성한다.

변수 플래그

PACKAGECONFIG[x11]과 PACKAGECONFIG[orc]와 같이 VAR[a] 형태의 문법을 볼 수 있다. 이것들을 변수 플래그라고 부른다. 이 메커니즘은 변수에서 store/set/associate와 properties/attributes를 활성화한다. 이 플래그는 이전에 설명했던 모든 변수들에서 사용할 수 있다. 하지만 _append, _prepend, _remove 와 같은 스타일의 문법에서는 사용할 수 없다.

ALLOW_EMPTY

다음 기능을 예제에서 활성화시키기 위해, 다음과 같이 사용한다.

```
ALLOW_EMPTY_${PN} = "1"
```

비트베이크는 이 예제를 패키징하지 않는다. 이와 같이 아무 내용이 없어도, 패키지는 만들어 진다. 이 변수는 항상 _${PN}과 함께 사용되어야 한다. 하나의 시나리오는, 루트 파일 시스템에 적재되지 않는 것을 생성하는 것이 필요하고 패키징은 할 필요가 없다. DTB 파일 생성은 deploy 디렉토리에 생성된 DTB 파일들이 위치시키지만, 패키지를 생성할 필요가 없다.

FILESPATH

소스 파일이나 패치 파일을 찾기 위해, 추가적인 경로를 명시하는 것이 필요하다. 다음과 같이 meta/classes/base.bbclass에 명시되어 있는 기본 경로가 아닌 경우에만 필요하다.

```
FILESPATH = "${@base_set_filespath(["${FILE_DIRNAME}/${BP}",
"${FILE_DIRNAME}/${BPN}", "${FILE_DIRNAME}/files"], d)}"
        fpaths = (d.getVar('FILESPATH', True) or '').split(':')
```

FILESEXTRAPATHS 변수도 사용할 수 있지만 조건 문법 변수(append, prepend)와 조합해서 사용해야 한다.

```
FILESEXTRAPATHS_append := ":${THISDIR}/extra_file" \
FILESEXTRAPATHS_prepend := "${THISDIR}/extra_file:"
```

 위의 코드 라인에서 하나는 콜론이 있지만 다른 하나는 콜론이 없다.

조건적 재정의 메커니즘

비트베이크는 환경 설정 파일에 의존성을 가지고 조건적으로 변수에 할당되기 위한 값을 제어하기 위해 OVERRIDES 메커니즘을 가지고 있다. OVERRIDES는 콜론(:)을 구분자로 사용한다. qemux86과 같은 일부 아키텍처 의존성을 가진 변수를 사용하고 OVERRIDES에 qemux86이 있으면, 이 메커니즘을 사용할 수 있다. 이 예제의 경우에 qemux86이 OVERRIDES에 있으면 다음 값들이 RRECOMMENDS_${PN} 변수에 할당된다. 이것은 qemux86을 위해 빌드될 때만 사용된다.

```
RRECOMMENDS_${PN}_qemux86 += "kernel-module-snd-ens1370 kernel-module-
snd-rawmidi"
RRECOMMENDS_${PN}_qemux86-64 += "kernel-module-snd-ens1370 kernel-
module-snd-rawmidi"
```

이 변수들은 값이 조건에 따라 변수에 추가되기 위해 조건적 플래그 문법 (_append, _prepend)과 조합하여 사용될 수 있다. 다음 설명은 예제 예제에서 사용되지 않는다. 예제로 SRC_URI 소스에 추가되기 위한 아키텍처 의존적인 파일들이 있을 수 있다. 이 경우 다음과 같이 사용된다.

```
SRC_URI_append_arm = "file:///armfile"
SRC_URI_append_qemux86 = "file:///qemux86"
```

같은 코드 재사용과 공유

여러 예제들에서 inherit를 사용할 수 있다. 이 지시어로 클래스 파일을 사용할 수 있고 이는 클래스와 예제에서만 사용될 수 있다. 같은 기능을 INHERIT라고 부르는 또 다른 지시어로 환경 설정 파일에서 사용할 수 있다. 그 문법은 다음과 같고, +=와 함께 사용한다.

```
INHERIT += "rm_work"
```

이것을 local.conf 파일에 명시할 수 있다. 이것은 빌드 과정이 끝난 후 작업 디렉토리를 제거하는데 사용한다. 첫 장에서 이것을 설명했었다. 예제에 사용되는 다른 문법inherit은 그 예제에만 적용되지만, 이 문법을 사용하면 모든 예제에 관련 기능이 적용된다.

다음 지시어는 gstreamer 관련된 예제 파일에 열거되어 있다. 이 두 파일은 .inc 확장자를 가지고 있다. 이것은 여러 예제에 비슷한/공통 기능을 사용하기 위한 방법이다. 이 목적을 제공하기 위해 두 다른 지시어들을 사용한다.

- require

- include

이 지시어들은 그것이 명시된 곳에 특정 파일의 내용을 삽입하게 한다. 두 지시어의 차이점은 특정 파일이 실제 존재해야만 하는가에 대한 여부이다. include의 경우 파일이 없으면 에러가 발생하지 않지만, require의 경우 없으면 에러가 발생한다.

실제 동작

이제 세부사항 이해를 바탕으로 개발한다. gaku라는 비디오 플레이어와 멀티미디어 프레임워크로 이 플레이어를 지원하는 gstreamer를 포함한 이미지를 빌드했다. 사용하기 위한 최소 플러그인들을 활성화 했다. 이제 이 모든 것들을 가지고 실제 동작하는 방법을 알기 위한 준비가 되었다. 실제 동작을 보기 위해서는 다음 단계를 따라해야 한다.

1. HDMI 디스플레이에 보드를 연결한다. 여기서 나는 삼성 32인치 LED TV를 사용한다.

2. 보드에 TV를 연결하기 위해 마이크로 HDMI-to-HDMI 케이블을 사용했다.

3. 여러 개의 .ogg 비디오 파일을 복사한다. 이미 있는 비디오 파일을 변환할 수 있다. http://techslides.com/sample-webmogg-and-mp4-video-files-for-html5에서 비디오 파일들을 다운로드할 수 있다.

4. SD 카드에 직접 또는 보드에 네트워크로 연결되어 있으면 SSH를 사용하여 보드에 다운로드된 비디오 파일을 복사한다.

5. UI에서 gaku를 실행한다.

6. UI를 사용하기 위해 USB 마우스를 연결한다.

7. sample.ogg 파일이 포함된 디렉토리로 가서 브라우저에서의 +버튼을 누른다.

8. 복사한 비디오 파일(이 경우, sample.ogg)을 선택하여 재생한다.

TV에서 비디오를 볼 수 있었고 USB 헤드폰을 사용하여 소리를 들을 수 있었다. 또한 다른 포맷들을 재생하기 위해 더 많은 gstreamer 플러그인들을 활성화/비활성화시킬 수 있다. 그것은 재미있는 일이 될 것이다.

정리

이번 장에서는 gstreamer 기반의 gaku 플레이어를 사용하여 고급 예제 요소들에 대해서 알아보았다. 또한 gstreamer 관련 예제에서 공통적인 요소도 알아보았고, 다음을 살펴보았다.

- 의존성을 명시하는 방법과 여러 예제가 같은 패키지를 제공하기 위한 방법
- 소스 다운로드에 대한 더 많은 방법
- 상속 기능 사용을 사용하기 위한 다양한 방법
- 변수 할당 유형과 조건적 할당

5장에서는 여러 예제를 가지고 있는 메커니즘인 레이어에 대해 알아볼 것이다.

5

레이어 생성과 분석

이 장에서는 메타데이터를 구성하고, 재사용할 수 있는 강력한 메커니즘인 레이어에 대해서 알아본다. 또한 yocto-layer 스크립트를 사용하여 레이어를 생성하는 것에 대해서도 알아본다. 그리고 나서 메타데이터와 레이어의 종류를 체계화하기 위한 다양한 설정 옵션들을 설명한다. bbappend 파일을 사용하는 방법과 패키지 그룹의 기술에 대해서도 설명하고, 이미지 커스터마이즈에 대해서도 이야기하고자 한다.

스크립트를 사용해 레이어 생성

새로운 것은 항상 쉽게 시작하는 것이 좋다. 레이어를 생성하는 간단한 방법으로, poky의 scripts 디렉토리에 있는 다음 명령을 사용하는 것이다.

```
$ ./scripts/yocto-layer create test
```

이 명령을 실행하면 poky에 meta-test 디렉토리가 생성된다. 그러나 생성과정 중에 몇 가지 질문에 대답해야한다. 이 질문에 대한 대답은 다음 단계에서 설명한다.

- Enter the layer priority you'd like to use for this layer: [default: 6] 7
- Check whether you would like to have an example recipe created: (y/n) [default: n]
- Check whether you would you like to have an example bbappend file created: (y/n) [default: n] y
- Enter the name you'd like to use for your bbappend file: [default: example] helloworld
- Enter the version number you'd like to use for your bbappend file, (this should match the recipe you're appending the file to): [default: 0.1]

또한, 이 스크립트는 새로 생성된 레이어를 빌드에 포함시키는 방법을 알려준다. 빌드를 시작하기 전에만 이것을 추가하면 된다.

 BBLAYERS에 생성된 레이어를 추가하는 것을 잊어서는 안 된다(자세한 것은 meta-test/READ를 참고하면 된다).

이것을 무시하지 말고, conf/bblayers.conf 파일의 제일 마지막 줄에 생성된 레이어를 추가해야 한다.

이제 meta-test 디렉토리에 스크립트가 생성한 내용을 살펴본다. 다음은 tree 명령어를 사용하여 나온 결과이다.

```
$ tree meta-test/
meta-test/
├── conf
|   └── layer.conf
├── COPYING.MIT
├── README
└── recipes-example-bbappend
    └── example-bbappend
    ├── helloworld-0.1
    |   └── example.patch
    └── helloworld_0.1.bbappend
```

디렉토리에 어떤 내용들이 있는지 등을 설명하기 전에, 새로 생성된 레이어에서 여러 가지 실험을 한다. 일단 실습을 하고 그 내용을 자세히 분석한다.

다음 절차에 따라, 최신 커밋의 깃git 소스에서 패치를 만들고 예제에 적용한다.

1. file/files 소스를 수정한다.

2. **변경사항을 커밋한다**: git add *와 git commit -m "Custom patch".

3. git format-patch -n HEAD^ 명령어를 사용하여 패치를 만들면 001-Custom-patch.patch 파일이 생성된다.

4. example.patch 파일을 print.patch 파일로 이름을 변경한다.

5. 다음 코드를 추가한다.

```
+++ helloworld.c
--- ../helloworld.c
@@ -2,7 +2,7 @@
  int main(int argc, char **argv)
  {
-     printf("Hello World!\n");
+     printf("Hello World! Patched from bbappend !\n");
```

```
          return 0;
    }
```

6. 저장한다.

7. helloworld_0.1.bbappend 파일을 연다.

8. 모든 내용을 제거, 첫 번째 줄에 다음 줄을 추가한다.

   SRC_URI_append = " file://print.patch"

9. FILESEXTRAPATHS_prepend를 추가하면 이 파일의 전체 내용은 다음과 같이 된다.

   FILESEXTRAPATHS_prepend := "${THISDIR}/${PN}-${PV}:"
   SRC_URI_append = " file://print.patch"

10. 이전 빌드 내용을 깨끗이 지우기 위해 다음 명령을 실행한다.

    $ bitbake -c cleansstate helloworld

    patch 태스크를 빌드하기 위해 다음 명령을 실행한다.

    $ bitbake -c patch helloworld

11. ${WORKDIR} tmp/work/cortexa8hf-vfp-neon-poky-linux-gnueabi/helloworld/0.1-r0/helloworld.c에서 helloworld.c를 살펴본다. 다음과 같은 내용을 볼 수 있다.

```
#include <stdio.h>

int main(int argc, char **argv)
{
  printf("Hello World! Patched from bbappend !\n");

  return 0;
}
```

이제 실험을 기반으로 위에서 했던 것들을 설명한다.

레이어 내용

이미 설명했듯이, 레이어는 메타데이터를 체계화하는 하나의 방법이다. 레이어에서 메타데이터를 체계화하기 위한 코드뿐 아니라, 메타데이터를 관리하기 위해 정의된 디렉토리 구조를 따라야 한다. 여기에서는 메타데이터를 구성하는 방법, 디렉토리 구조에서 필요한 최소한의 것, 각 디렉토리에서 어떤 컨텐츠를 이용할 수 있는지에 대해 설명할 것이다. 레이어 디렉토리는 다음에서 설명할 두 디렉토리를 최소한으로 가지고 있어야 한다.

conf 디렉토리

이 디렉토리에서 반드시 필요한 것은 layer.conf 설정 파일이다. 기본적으로 레이어에는 두 가지 유형이 있다.

- 일반 레이어
- BSP 레이어

앞의 예제에서 yocto-layer 스크립트를 create 옵션과 함께 사용하여 일반 레이어를 생성하였다. BSP 레이어도 많이 다르진 않지만 비슷한 추가 옵션과 함께 yocto-bsp 스크립트를 사용하여 생성할 수 있다. 다음과 같이 layer.conf 파일은 레이어의 모든 기본 속성을 설정한다. 이 책에 있는 예제 layer.conf 파일을 살펴보면 다음와 같다.

```
$ cat ../meta-test/conf/layer.conf
# We have a conf and classes directory, add to BBPATH
BBPATH .= ":${LAYERDIR}"

# We have recipes-* directories, add to BBFILES
BBFILES += "${LAYERDIR}/recipes-*/*/*.bb \
        ${LAYERDIR}/recipes-*/*/*.bbappend"
```

```
BBFILE_COLLECTIONS += "test"
BBFILE_PATTERN_test = "^${LAYERDIR}/"
BBFILE_PRIORITY_test = "7"
```

이 질문을 스스로 해봐야 한다. "설정 파일로 무엇을 할 수 있는가?" 사용할 수 있는 다른 메타데이터가 통합될 수 있게 하기 위해, 레이어에 있는 메타데이터의 필요한 정보를 빌드 시스템에 제공해야 한다. 이를 위해, 빌드시스템에서 정보를 가지고 온다. "어떻게 이것을 하는가?" 공통적으로 이용 가능한 변수에 레이어 관련된 정보를 설정한다. 더 나아가기 전에 다음 명령을 이용하여 helloworld 예제의 환경변수를 추출할 준비를 한다. 뒷부분에서 설명하는 내용에서 다음 명령은 광범위하게 사용될 것이다.

```
$ bitbake -e helloworld > env-hello.txt
```

콜론으로 분리된 경로 리스트인 BBPATH 핵심 변수에 레이어 경로를 추가한다. 콜론을 보기 좋은 \과 \n로 대체하기 위해 sed를 연결하여 사용할 수 있다. grep과 sed 명령어 조합을 다음과 같이 사용할 수 있다.

```
$ grep BBPATH= env-hello.txt | sed 's/\:/\:\\\n/g'
```

다음과 같은 결과를 얻을 수 있다.

```
BBPATH="/home/irfan/yocto/poky/meta-yocto:\
/home/irfan/yocto/poky/build_bbb:\
/home/irfan/yocto/poky/meta:\
```
/home/irfan/yocto/poky/meta-test:
```
/home/irfan/yocto/poky/meta-yocto-bsp:\
/home/irfan/yocto/poky/meta-ybdevelop"
```

 .=과 :의 사용을 주의해야 한다. 단지 meta-yocto 같은 배포 레이어는 다른 레이어들 위에 우선적으로 적용하기 위해 이 연산자를 거꾸로 사용할 수 있다.

다음은 BBFILES 변수에서 *.bb와 *.bbappend 파일을 사용하기 위한 위치를 설정한다. 이 명령은 recipes-* 디렉토리 내의 각 디렉토리에 예제(*.bb)와 추가된 파일들(*.bbappend)을 사용하기 위해 지정한다. BBFILES은 예제와 추가된 파일의 목록을 공백으로 구분한다. 콜론 대신 스페이스를 사용하는 약간의 수정을 제외하고는 이전 코드와 비슷하게 grep와 sed의 조합을 사용할 수 있다. 사용된 명령어는 다음과 같다.

```
$ grep BBFILES= env-hello.txt | sed 's/\ /\\\n/g'
```

다음과 같은 결과를 얻을 수 있다.

```
BBFILES="/home/irfan/yocto/poky/meta/recipes-*/*/*.bb\
/home/irfan/yocto/poky/meta-test/recipes-*/*/*.bb\
/home/irfan/yocto/poky/meta-test/recipes-*/*/*.bbappend\
/home/irfan/yocto/poky/meta-yocto/recipes-*/*/*.bb\
/home/irfan/yocto/poky/meta-yocto/recipes-*/*/*.bbappend\
/home/irfan/yocto/poky/meta-yocto-bsp/recipes-*/*/*.bb\
/home/irfan/yocto/poky/meta-yocto-bsp/recipes-*/*/*.bbappend\
/home/irfan/yocto/poky/meta-ybdevelop/recipes-*/*/*.bb\
/home/irfan/yocto/poky/meta-ybdevelop/recipes-*/*/*.bbappend"
```

디렉토리를 하나씩 수동으로 모두 적는 것을 피하기 위해 와일드 카드인 *를 사용한다. 추가 파일(*.bbappend)을 포함한 예제를 생성할 때, recipes 접두사를 붙인 디렉토리 이름을 사용한다. 이것은 규칙이다. 또한 파일을 사용하기 위해 레이어에 어떤 디렉토리를 명시할 수 있다. 이 규칙을 깨지 말고, 문제를 일으키지 말자.

다음은 빌드 시스템에 의해 관리되는, 잘 알려지고 설정된 레이어 목록 이름을 추가/등록하는 것이 필요하다. 예제와 추가된 파일들(.bbappend)을 찾을 때, BBFILES에 설정된 경로를 참고한다. 이러한 목적을 달성하기 위해, 이 경우 BBFILE_COLLECTIONS에 test라는 이름을 추가한다. 이름에서 알 수 있듯이, 이것은 예제의 모음이다. 그것은 띄워쓰기로 구분된 레이어 이름들의 목록이다. 이전에 했던 과정과 비슷한 방법으로 grep과 sed 조합을 실행한다.

```
$ grep BBFILE_COLLECTIONS= env-hello.txt | sed 's/\ /\\\n/g'
```

다음과 같은 결과를 얻는다.

```
BBFILE_COLLECTIONS=" \
core\
test\
yocto\
yoctobsp\
ybdevelop"
```

이것은 이름을 포함한다. 이제 빌드 시스템에 친숙해졌다.

남아 있는 다음 질문은 이것이다. 여기에서 속하는 것이 무엇이고 그것이 어떻게 결정되는가? 이 경우 BBFILE_PATTERN_test인 BBFILE_PATTERN_<layers>를 사용하는 것이 질문에 대한 답변이다. 그래서 이것을 "^${LAYERDIR}/"로 설정한다. 필요한 변수의 값을 보기 위해 다시 환경변수를 확인한다.

```
$ grep BBFILE_PATTERN_test= env-hello.txt
BBFILE_PATTERN_test="^/home/irfan/yocto/poky/meta-test/"
```

여기서 제공하는 패턴 문자(/home/irfan/yocto/poky/meta-test/)으로 시작하는 모든 것이나 레이어는 test라는 이름을 가진다.

간단하게 5개 레이어를 사용하는 빌드를 본다. 실제 프로젝트는 이것보다 더 많은 레이어들을 가질 수 있다. 여러 레이어에서 같은 예제를 가진다면 어떻게 될까? 빌드 시스템을 혼란스럽게 하는 간단한 예제를 가지고 있으면 어떻게 될까? 이때는 우선순위를 위한 메커니즘들이 필요하다. 레이어들에 우선순위를 설정할 필요가 있다. 예제가 동일한 경우, 그것은 가장 높은 우선순위가 선택된 레이어로부터 오도록 하기 위해 사용된다. 1은 최소한의 우선순위 값이

다. 그래서 7의 값의 우선순위를 가진 레이어는 6의 값을 가진 것보다 예제가
사용될 확률이 더 높다.

 낮은 우선순위를 가지고 있는 레이어임에도 불구하고, PV 값이 높은 버전을 가지고 있으
면 그 예제는 선택된다

레이어가 다른 예제에 의존성이 있다면 어떨까? 이것 또한
LAYERDEPEND_<layer>를 사용하여 식별하고 띄워쓰기 구분자를 가지고 레이
어 리스트를 적는다. 또한 레이어에 우선순위를 설정하지 않으면 이 레이어들
은 우선순위를 설정하기 위해 사용될 것이다. 우선순위 계산 메커니즘이 성공
적이지 않았으면, 기본값으로 1이 설정될 것이다.

recipes-* 디렉토리

이 recipes-* 디렉토리는 예제들을 가지고 있다. 예제를 분류하기 위해 유형
별 recipes-의 접두사를 가진 여러 recipes 디렉토리를 만들 수 있다. BSP 레
이어의 경우, 자주 BSP 특화된 메타데이터를 넣기 위해 recipes-bsp 디렉토
리가 있다. 일반적인 레이어 예제는 meta-yocto에 recipes-* 디렉토리를 보
면 알 수 있다.

클래스

이 디렉토리classes에는 어느 곳에서든 공통으로 사용되는 기능들과 여러 예제
에서 재사용하기 위한 상속의 로직을 제공하는 bbclass 파일이 있다. 그것은
상위 레벨 레이어 디렉토리에 있다. 여기 meta-test 레이어 대해 설명한다. 각
레이어는 그 자신의 classes 디렉토리와 그 안에 .bbclass 파일들이 있다.

COPYING.MIT

이 파일은 라이선스 정보를 포함한다. 스크립트는 MIT 공통 라이선스를 위해 이 파일을 생성한다. 필요나 선택에 따라서 이 파일을 수정할 수 있다. 이 라이선스 유형은 많이 사용하기 때문에 이것을 기본적으로 가지고 있다.

README

레이어들은 SCM별로 분리된다. 그래서 레이어별로 README 파일을 가지고 있는 것이 좋다. 필요하다면 하위 디렉토리도 README 파일의 유지 여부에 대해 결정할 수 있다.

레이어 기반의 조건적 선택

어떤 예제를 조건적으로 BBFILES에 포함하는 것을 결정하기 위해 BBFILE_COLLECTIONS를 사용할 수 있다. 이를 위해 layer.conf에서 다음과 비슷한 로직을 사용하는 것이 필요하다.

1. 우선 layer.conf 파일에 다음 두 줄을 추가한다.

```
BBFILES += "${@' '.join('${LAYERDIR}/%s/recipes-*/*/*.bbappend' % layer \
                for layer in BBFILE_COLLECTIONS.split())}"
BBFILES += "${@' '.join('${LAYERDIR}/%s/recipes-*/*/*.bb' % layer \
                for layer in BBFILE_COLLECTIONS.split())}"
```

2. 두 번째로 BBFILE_COLLECTIONS에 있는 다른 레이어의 디렉토리에 있는 recipes-* 디렉토리들을 정렬한다. 예를 들어, bblayer.conf 파일에 meta-ti가 포함되어 있을 때만 특정 몇몇 메타레이어가 추가되었으면 한다. 이 경

우, test/meta-ti 디렉토리에 디렉토리를 만들고 모든 recipes-* 디렉토리를 생성된 디렉토리로 옮겨야 한다. 현재 설정에서는 bblayers.conf 파일에 meta-ti 레이어를 추가하지 않아서 적용되지 않았다.

레이어를 사용하는 예로, http://git.yoctoproject.org/cgit/cgit.cgi/meta-mentor/tree/meta-mel/conf/layer.conf meta-mel이 있다. meta-mentor 한 단계 위인 https://git.yoctoproject.org/cgit/cgit.cgi/로 가면, 이미 사용 가능한 레이어가 있는 디렉토리의 전체 목록을 찾을 수 있고, 거기서 meta-ti를 볼 수 있다.

추가 파일들

meta-test 레이어를 생성할 때, 예제 파일을 생성하지 않았다. 대신 이미 meta-ybdevelop 레이어에 있는 helloworld 예제에 bbappend 파일을 생성했다. bbappend 파일은 추가적으로 적용한 것으로 예제에 존재하는 기능을 재정의/강화시키기 위해 사용되는 메커니즘이다. 이것은 기존의 예제 내용을 수정 하기 위해 추천되는 방법이다. 가이드에 따르면, 예제 레이어에 전체 파일을 복사하는 대신에 bbappend 파일을 사용하는 것이 추천된다. 이 파일들은 bbappend 확장자를 사용해야 하고 이름은 수정이 필요한 예제와 같아야 한다. 또한 필요한 내용만 수정되어야 한다. 예제에서 bbappend 파일에서 두 줄이 추가되었다. 첫 번째 줄은 다음과 같이 파일 경로를 찾기 위한 확장이다.

```
FILESEXTRAPATHS_prepend := "${THISDIR}/${PN}-${PV}:"
```

다음 줄은 helloworld 예제의 소스 코드 파일에 적용되기 위해 패치 파일을 선택한다. 이것은 출력 메시지만 수정한 간단한 패치 파일이다.

```
SRC_URI_append = " file://print.patch"
```

이 수정의 효과를 관찰하기 위해, 전체 예제를 빌드하지 않았다. 정확히 말하면, 적용된 수정사항의 효과를 빨리 관찰하기 위해서 do_patch 태스크까지만 실행했다. do_compile 태스크에 의해 사용될 최종 소스 파일은 수정사항이 적용된 것을 포함한다. WORKDIR에 helloworld.c 내용을 보면 명확히 알 수 있다.

이것은 간단한 경우이고 일반적인 경우를 보도록 한다. 여기서는 대부분 패키지와 이미지 생성을 다루고 있다. 커스터마이즈를 위해 bbappend 사용하여 기존의 이미지를 수정할 수 있다. 이것을 위해 필요로 하는 것은 images-bbappend로 불리는 meta-test/recipes-example-bbappend/에 디렉토리를 생성한다. 예를 들어, 커스터마이즈를 원하는 core-image-sato.bbappend 이미지 파일을 여기에 생성할 수 있다. core-image-sato를 빌드할 때, helloworld가 이미지에 자동으로 추가되는 것을 원한다. 이를 위해 이 bbappend 파일에 다음과 같이 추가한다.

```
IMAGE_INSTALL = "helloworld"
inherit core-image
```

적용 효과를 빠르게 확인하기 위해, 다음을 실행한다.

```
$ bitbake -e core-image-sato > env-sato.txt
$ grep IMAGE_INSTALL= env-sato.txt
```

다음과 비슷한 결과를 얻을 수 있다.

```
IMAGE_INSTALL="helloworld kernel-modules kernel-devicetree"
```

 또한, 다음과 같이 CORE_IMAGE_EXTRA_INSTALL에 패키지의 목록을 local.conf와 같은 설정 파일에서 추가함으로써 빠르게 이미지를 커스터마이즈할 수 있다.

```
CORE_IMAGE_EXTRA_INSTALL += "package"
```

패키지 그룹

이미지에 bbappend 파일을 사용하거나 설정 파일을 사용하여 이미지를 커스터마이즈하는 방법을 알아보았다. 이 기술은 일부 사례에서는 유용하지만 패키지 로그를 다루고 하나의 이미지보다 더 많은 곳에서 이 패키지들을 사용하는 경우 번거로운 상황이 될 수 있다. 그러한 경우, 불필요한 중복 작업을 수행하게 된다. 이를 피하기 위해, 패키지 그룹을 사용한다. 이 개념은 여러 이미지에서 사용할 수 있도록 이미지 bbappend 파일에서 분리하여 패키지를 패키지 그룹에서 관리하도록 하는 것이다.

이것은 다음 특징들을 가지는 특별한 예제 .bb 파일이고 layer/recipes-*/packagegroups/⟨packagegroup⟩.bb 파일로 존재한다.

- meta/classes에 있는 packagegroup.bbclass라는 패키지 그룹을 상속한다. 이것은 코드의 첫 번째 줄에 있다.

  ```
  inherit packagegroup
  ```

- 생성될 모든 패키지 그룹은 PACKAGES 변수에 추가된다.

  ```
  PACKAGES = "PG1 PG2"
  ```

- 런타임시에 필요한 패키지들은 RDEPENDS_<packagegroupname>와 같이 조건적으로 재정의하는 데에 추가된다.

  ```
  RDEPENDS_PG1 = "P1 P2 ... PN"
  RDEPENDS_PG2 = "P1 P2 ... PN"
  ```

- 비슷하게 RRECOMMENDS 패키지들에 RRECOMMENDS_<packagegroupname>와 같이 조건적으로 재정의하는 데 추가할 수 있다.

  ```
  RRECOMMENDS_PG1 = "P1 P2 ... PN"
  RRECOMMENDS_PG2 = "P1 P2 ... PN"
  ```

- 이 `packagegroups` 하나를 빌드하기 위해, 이미지의 bbappend 파일에 있는 `IMAGE_INSTALL`에 그 `packagegroup`을 추가해야 한다. 그러면, 여러 패키지들에서 이 목록을 사용할 수 있다.

이 개념에 대해 여전히 혼란스럽더라도 걱정할 필요가 없다. 이러한 개념들을 사용하여 실제 예제 메타데이터를 설명할 것이다.

정리

이번 장에서는 `meta-test` 레이어를 생성했다. 관련된 개념을 설명하기 위해 이 레이어에서 여러 실험을 했다. 레이어의 개념을 자세하게 설명했고 간단한 설정, `bbappend`, `packagegroups`를 사용하여 이미지를 커스터마이즈하는 방법도 설명했다.

6장에서는 콘솔 게임을 설명할 것이다. 이를 위해 인기 있는 팩맨 게임의 콘솔 버전을 선택할 것이다.

6

콘솔 게임

5장에서는 레이어 대해 이야기했다. 지금까지 욕토 프로젝트의 기본에 대해 설명했다. 이제 실제 개발로 내용을 전개할 필요가 있다. 이를 위해 비글본 보드에 팩맨이라는 콘솔 게임을 추가한다. 이 게임의 예제를 만들고, 루트 파일 시스템에 추가하기 위해 예제를 사용할 수 있도록 한다.

하드웨어 요구사항

다음은 게임을 실행하기 위해 필요한 하드웨어 목록이다.

- 비글본 블랙
- HDMI 디스플레이(나의 경우, 삼성 LED TV)
- 디스플레이 연결을 위한 HDMI 케이블
- USB 키보드

테스트 목적을 위해 다음 간단한 하드웨어를 사용할 수 있다.

- 비글본 블랙
- USB 또는 이더넷 케이블을 사용한 SSH

팩맨 콘솔 게임

팩맨은 예전에 있기 있었던 컴퓨터 게임이다. 누군가 그것을 알지 못하거나 심지어 해보지 않았다는 생각을 하기는 어렵다. GUI 버전의 코드를 찾을 수도 있지만 여기서의 주요 관심사는 게임이 아니다. 무언가 실제적인 것을 사용함으로써 그 코드에 대해 배우는 것이 목적이다. 여기서는 단순함을 위해 https://sites.google.com/site/doctormike/pacman.html에 있는 마이크 빌러Mike Billars가 만든 팩맨 콘솔 게임을 사용할 것이다. 이 위치에서 소스 타르볼tarball과 깃git 링크를 얻을 수 있다. 여기서는 깃 링크를 사용한다.

예제 개발

예제를 위해 다른 조각들을 모을 필요가 있다. 주요 목적이 배우는 것이기 때문에 패키지를 위해 최종 동작하는 예제를 언급하지는 않는다. 더 정확히 말하면 예제를 실험, 수정을 하고 잘못하고 있는 것 또는 이전 단계에서 놓친 것을 설명할 것이다. 이미 `helloworld`라고 명명된 `meta-ybdevelop` 레이어를 가지고 있다. 쉽게 작업을 하기 위해 거기서 기본 요소들을 복사하고, 그것을 수정하는 것으로부터 시작한다.

기존 예제에서 복사하는 것은 쉽게 하기 위해 필요한 것뿐만 아니라 불필요한 실수를 피하기 위해서도 있다.

기본 요소

다음은 쉽게 설정하기 위한 기본 요소들이고 helloworld 예제를 보여준다.

```
DESCRIPTION = "Simple helloworld application"
SECTION = "examples"
LICENSE = "MIT"
LIC_FILES_CHKSUM = "file://${
COMMON_LICENSE_DIR}/MIT;md5=0835ade698e0bcf8506ecda2f7b4f302"
```

팩맨의 경우 다음과 같이 수정된다.

```
DESCRIPTION = "Pacman for console is a console based PacMan"
SECTION = "games"
LICENSE = "GPLv2"
LIC_FILES_CHKSUM = "file://${
WORKDIR}/git/COPYING;md5=751419260aa954499f7abaabaa882bbe"
```

이 요소들에 대해 설명한다.

- DESCRIPTION: 좋아하는 무엇이든 넣으면 되지만 이해할 있어야 한다.

- SECTION: 여기엔 game이라고 적으면 된다.

- LICENSE: 게임의 저작권자는 GPLv2 라이선스를 선택했다.

- LIC_FILES_CHKSUM: 깃 저장소에 COPYING이라는 라이선스 파일을 가지고 있고 WORKDIR에 다운로드될 것이다. 이 파일의 어느 지점에 라이선스를 설정하고 MD5는 md5sum 명령어를 사용하여 계산된다.

소스 제어

다음 태스크는 소스 다운로드와 관련이 있다. 소스 코드를 성공적으로 다운로드하기 위해 유효한 값을 SRC_URI 변수에 설정해야 한다. 앞의 링크에서 https://gitorious.org에 있는 깃 저장소에서 링크를 얻을 수 있다. gitorious는 그 서비스를 중단하고 있어 저작권자의 허가하에 https://github.com/YoctoForBeaglebone/에 저장소를 복사했다. 이 정보를 사용하여 다음과 같이 설정한다.

```
SRC_URI = "git://gitorious.org/patches-and-mirrors/pacman4console.
git;branch=master"
```

다음은 깃허브를 위한 것이다.

```
SRC_URI = "git://github.com/YoctoForBeaglebone/pacman4console.
git;branch=master"
```

소스 저장소를 명시하고 다음 빌드 명령어를 실행하도록 한다.

```
$ bitbake pacman4console
```

명령어를 수행한 후 다음과 비슷한 에러가 발생했다.

```
ERROR: Function failed: Fetcher failure for URL: 'git://gitorious.
org/ patches-and-mirrors/pacman4console.git;branch=master'. Please
set a valid SRCREV for url ['SRCREV_default_pn-pacman4console',
'SRCREV_default', 'SRCREV_pn-pacman4console', 'SRCREV'] (possible key
names are git:// gitorious.org/patches-and-mirrors/pacman4console.
git;branch=master, or use a ;rev=X URL parameter)
```

이것을 고칠 수 있는 두 가지 해결책이 있고 모두 에러 메시지에서 알려준다.

● 첫 번째 해결책은 유효한 해시값을 SRCREV 변수에 설정하는 것이다. 또는 각 빌드에 최신을 사용하길 원하면 그 변수에 ${AUTOREV}를 설정할 수 있다. 이 접근 방법을 사용하면 성공적으로 소스를 다운로드할 수 있다.

```
SRCREV = "${AUTOREV}"
SRC_URI = "git://gitorious.org/patches-and-mirrors/pacman4console.
git;branch=master"
```

● 에러 메시지가 알려주는 두 번째 해결책은 rev=X 문법을 사용하여 특정
rev 값을 사용하는 것이다. ;는 옵션 구분자이고 X는 유효한 리비전이다.
이 접근 방법을 사용해도 성공적으로 소스 코드를 다운로드할 수 있다.

```
SRC_URI = "git://gitorious.org/patches-and-mirrors/pacman4console.
git;rev=master"
```

작업 디렉토리와 버전

pacman4console_git.bb로 예제를 저장한다. 그것은 비트베이크에 의해 빌드
되거나 -e 옵션과 함께 사용하면 환경변수를 알 수 있고, ${WORKDIR}를 환경
변수에서 또는 파일 시스템에서 물리적으로 볼 수 있다. 환경변수를 사용하여
다음 결과를 얻는다.

```
$ bitbake pacman4console -e | grep ^WORKDIR
WORKDIR="/home/irfan/yocto/poky/build_bbb/tmp/work/cortexa8hf-vfp-
neon-poky-linux-gnueabi/pacman4console/git-r0"
```

3장에서 설명했듯이, WORKDIR은 여기서 git-r0으로 바꿨던 ${PV}-${PR}로
설정되어 있다. PR 값을 명시하지 않아서 기본값인 r0로 설정되었다. 저장소가
활발하게 개발되지 않는다면 작업 디렉토리 이름으로 하는 것이 좋다. 하지만
그렇지 않으면 매우 유용하지 않다. WORKDIR 변수에 PV 값을 수정하고, 예제에
다음과 같은 줄을 추가해서 SVN 또는 깃의 해시 태그와 같은 리비전을 포함하
는 것이 좋다.

```
PV = "1.2-git${SRCPV}"
```

환경변수에서 WORKDIR의 새 값을 얻기 위해 이전 명령어를 다시 실행시킨다.

```
$ bitbake pacman4console -e | grep ^WORKDIR
WORKDIR="/home/irfan/yocto/poky/build_bbb/tmp/work/cortexa8hf-vfp-
neon-poky-linux-gnueabi/pacman4console/1.2-gitAUTOINC+ddc229c347-r0"
```

이것은 + 표시에 의해 추가된 깃 해시를 포함한다. 각각 새로운 빌드를 하기 위해 원격지 저장소에 어떤 변화가 있으면 작업 디렉토리는 이것이 적용되어 최신 커밋 해시값을 추가하게 된다. 그렇게 되면 디버깅하는 데 도움을 줄 수 있다.

S 디렉토리

이것은 종종 WORKDIR과 같지만 항상 그렇진 않다. 깃의 경우 WORKDIR 디렉토리에 git 디렉토리를 가진다. 소스를 찾을 수 있도록 비트베이크가 알아야 하고 다음과 같이 사용한다.

```
S = "${WORKDIR}/git"
```

지금까지 한 것으로 예제는 준비되어 있는가? 그런것 같다. 이 예제가 빌드되고 내용을 분석하는 경우인지 아닌지 확인해보자. 이것을 하기 위해 다음 명령을 실행한다.

```
$ bitbake -c cleansstate pacman4console; bitbake pacman4console
```

마침내 결과의 마지막 줄은 다음과 같이 나온다.

```
..................................... Skipping the rest ........ ..
...............................
NOTE: Tasks Summary: Attempted 372 tasks of which 360 didn't need to
be rerun and all succeeded.
```

이 결과를 보면, 매우 희망적이다. 남아 있는 모든 태스크는 비트베이크에 의해 처리된다. 이것은 Makefile이나 autotools 기반의 빌드를 가진 패키지의 대부분의 경우 적용될 수 있다. 그리고 나서 다음 단계는 WORKDIR의 하위 디렉토리인 depoly-ipks의 내용을 볼 것이다. 그곳에서 tree 명령을 실행한다.

```
$ tree deploy-ipks/
```

다음과 같은 결과를 얻게 된다.

```
deploy-ipks/
└── cortexa8hf-vfp-neon
    ├── pacman4console-dbg_1.2-git0+ddc229c347-r0_cortexa8hf-vfp-neon.ipk
    └── pacman4console-dev_1.2-git0+ddc229c347-r0_cortexa8hf-vfp-neon.ipk
1 directory, 2 files
```

여기에는 필요한 것들이 없고 dbg와 dev 패키지만 가지고 있다. 아카이브 관리자로 이것들을 열면 비어 있는 것을 볼 수 있다. 다른 디렉토리를 보면 대부분 비어 있거나 유용한 것들이 포함되어 있지 않다. 그래서 무언가 좀 더 해야 할 필요가 있다.

컴파일 태스크 디버깅

실제 무슨일이 발생했는지 보기 위해서 다음 명령어를 사용하여 devshell을 실행한다.

```
$ bitbake -c devshell pacman4console
```

실행된 devshell에서 make를 실행하면 다음과 같은 결과를 얻는다. 이 결과에서 불필요한 혼동을 피하기 위해, 의미 없는 경고는 무시한다.

```
gcc pacman.c -o pacman -DDATAROOTDIR=\"/usr/local/share\
" -O2 -pipe -g -feliminate-unused-debug-types -Wl,-O1 -Wl,
--hash-style=gnu -Wl,--as-needed -lncurses
pacman.c: In function 'LoadLevel':
pacman.c:393:10: warning: ignoring return value of 'fscanf',
declared with attribute warn_unused_result [-Wunused-result]
```

```
    fscanf(fin, "%d", &Level[a][b]);
           ^
gcc pacmanedit.c -o pacmanedit -DDATAROOTDIR=\"/usr/local/share\
" -O2 -pipe -g -feliminate-unused-debug-types -Wl,-O1 -Wl,--
hash-style=gnu -Wl,--as-needed -lncurses
pacmanedit.c: In function 'LoadLevel':
```

경고를 제외하고 크게 신경 써야 할 것은 gcc이다. 크로스 컴파일을 위해 어떻게 네이티브 gcc를 사용할수 있을까? Makefile을 살펴보자. 여기 gcc가 하드코딩된 부분이 있다.

```
all:
  gcc pacman.c -o pacman -DDATAROOTDIR=\"$(datarootdir)\"
$(CPPFLAGS) $(CFLAGS) $(LDFLAGS) -lncurses
```

이 예제에서 gcc를 위의 Makefile에 있는 것처럼 그대로 사용할 수 없다. 컴파일러는 환경변수로부터 설정되어야 하기 때문에 Makefile를 수정한다. 앞으로 이것을 사용하기 위해 관련된 패치를 만들 것이다. 소스는 깃에서 받았다. 압축이 풀린 소스가 있는 git 디렉토리로 가서 필요한 수정을 하고, git diff 명령의 결과를 파일로 저장한다. 패치의 내용은 다음 보는 것과 비슷할 것이다.

```
diff --git a/Makefile b/Makefile
index c261974..1e4b2a2 100644
--- a/Makefile
+++ b/Makefile
@@ -2,9 +2,11 @@ prefix=/usr/local
  bindir=$(prefix)/bin
  datarootdir=$(prefix)/share

+CC?=gcc
+
  all:
- gcc pacman.c -o pacman -DDATAROOTDIR=\
"$(datarootdir)\" $(CPPFLAGS) $(CFLAGS) $(LDFLAGS) -lncurses
- gcc pacmanedit.c -o pacmanedit -DDATAROOTDIR=\
"$(datarootdir)\" $(CPPFLAGS) $(CFLAGS) $(LDFLAGS) -lncurses
```

```
+ $(CC) pacman.c -o pacman -DDATAROOTDIR=\
$(datarootdir)\" $(CPPFLAGS) $(CFLAGS) $(LDFLAGS) -lncurses
+ $(CC) pacmanedit.c -o pacmanedit -DDATAROOTDIR=\
"$(datarootdir)\" $(CPPFLAGS) $(CFLAGS) $(LDFLAGS) -lncurses

  install: all
        mkdir -p $(DESTDIR)$(bindir)
```

예제가 포함된 pacman4console 디렉토리의 files 디렉토리에 이 패치를 복사한다. 그리고 다음에서처럼 이 패치를 추가하기 위해 SRC_URI를 수정한다.

```
SRC_URI = "git://gitorious.org/patches-and-mirrors/pacman4console.
git;branch=master \
        file://makefile.patch"
```

컴파일 단계까지 예제에서 이것을 수정하고 실행된 빌드 결과를 저장한 후, 작업 디렉토리에 필요한 내용들이 생성되었는지를 확인한다. WORKDIR에는 pacman과 pacmanedit라는 이름을 가진 두 바이너리가 생성되어 있어야 한다.

install 태스크

Makefile은 설치 가능한 타깃을 가지고 있다. 예제 또한 이 타깃을 사용할 수 있다. 이를 위해서 다음과 같이 예제에 do_install 태스크를 추가한다.

```
do_install () {
  oe_runmake install
}
```

이제 다음 명령을 사용하여 설치 태스크를 실행한다.

```
$ bitbake -c cleansstate pacman4console; bitbake -c install pacman4console
```

이것은 다음와 같은 에러 메시지와 함께 끝난다.

```
| mkdir -p /usr/bin
| cp pacman /usr/bin
| cp: cannot create regular file '/usr/bin/pacman': Permission denied
```

문제는 네이티브 경로를 사용하는 것이다. Makefile을 보고 설치 경로를 DESTDIR 변수의 값으로 적어야 한다. 실제 WORKDIR에 image 디렉토리인 설치 디렉토리를 가리키는 특정 변수 D가 있다. 그래서 문제는 다음과 같이 DESTDIR을 ${D}로 설정하면 해결된다.

```
do_install() {
  oe_runkame DESTDIR="${D}" install
}
```

바로 전에 사용했던 명령을 실행하면 에러 없이 성공했음을 확인할 수 있다. 또한 image 디렉토리의 생성을 검증하기 위해 WORKDIR 내용을 살펴본다. 각 디렉토리 구조에서 이 디렉토리에 Make가 설치 타깃에 복사하는 모든 내용들을 확인할 수 있다.

패키지 내용 추가

다음 에러 메시지를 보고, 바로 앞서 실행한 명령 전체 중 두 번째 부분에서 -c install을 생략하고 실행한다.

```
$ bitbake -c cleansstate pacman4console; bitbake pacman4console
```

이 메시지는 패키징과 관련되어 있다.

```
ERROR: QA Issue: pacman4console: Files/directories were installed but
not shipped
  /usr/share
  /usr/share/pacman
  /usr/share/pacman/Levels
.............................................
  /usr/share/pacman/Levels/level06.dat
ERROR: QA run found fatal errors. Please consider fixing them.
ERROR: Function failed: do_package_qa
```

명백하게 Error라고 첫 번째 줄에 있다. 이것은 에러의 원인을 설명한다. 에러를 고치기 위해 패키지의 일부로 이 파일들을 추가하는 것이 필요하다. 예제에 다음 명령줄을 사용하여 기본 패키지에 포함되도록 한다.

```
FILES_${PN} += " \
  /usr/share/ \
  /usr/share/pacman \
  /usr/share/pacman/Levels \
  /usr/share/pacman/Levels/level05.dat \
  /usr/share/pacman/Levels/level04.dat \
  /usr/share/pacman/Levels/template.dat \
  /usr/share/pacman/Levels/level07.dat \
  /usr/share/pacman/Levels/level02.dat \
  /usr/share/pacman/Levels/README \
  /usr/share/pacman/Levels/level08.dat \
  /usr/share/pacman/Levels/level09.dat \
  /usr/share/pacman/Levels/level01.dat \
  /usr/share/pacman/Levels/level03.dat \
  /usr/share/pacman/Levels/level06.dat \
"
```

예제를 저장하고 이전에 사용한 명령어로 빌드하고 WORKDIR 내용을 분석한다. 기대했던 모든 내용들이 들어 있다. deploy-dir에서 일반적인 패키지를 찾을 수 있다. 또한 아카이브 관리자를 사용하여 패키지의 내용들을 확인할 수 있다. usr/bin 디렉토리에 pacman과 pacmanedit 바이너리가 있고 usr/share 디렉토리에 게임에서 지원하는 수준별 데이터가 있다. 필요한 옵션을 사용하여 보드에 ipk 파일을 전송할 수 있다. SD 카드에 복사하고 opkg install pacman4console_1.2-git0+ddc229c347-r0_cortexa8hfvfp-neon.ipk를 사용하여 설치하거나 SSH로 전송하고 같은 명령어를 사용하여 설치한다.

루트 파일 시스템에 패키지 추가

루트 파일 시스템에 패키지를 추가하기 위해서 다음과 같은 접근 방식을 사용하고, 이 책 중간 중간에서 사용하는 패키지들에 대해서도 같은 접근 방식을 사용한다.

- meta-ybdevelop/recipes-example/에 packagegroup-yb-develop로 명명된 패키지 그룹을 생성한다.
- 앞에서 생성한 패키지 그룹을 포함하기 위해 이미지에 추가한다.

패키지 그룹

packagegroup-yb-develop.bb로 파일을 만든다. packagegroups의 하위 디렉토리에 생성하고 이 장의 끝에 다음 내용을 포함한다.

```
SUMMARY = "Packagegroup For our layer YB-Develop"
LICENSE = "MIT"
PR = "r1"
inherit packagegroup
RDEPENDS_${PN} = "pacman4console \
  helloworld \
"
```

이 책에서 여러 패키지 추가를 위해 패키지 그룹을 사용할 것이다.

이미지 bbappend

meta-ybdevelop/recipes-example/images 디렉토리에 core-image-sato.bbappend 파일을 추가한다. 우선 이것은 한 줄만 포함할 것이다. 앞으로도 어떤 것을 추가할 필요가 없다.

실행

모든 것이 이제 설정되었다. 다음 명령어만 실행하고 끝날 때까지 기다리면 된다.

```
$ bitbake core-image-sato
```

이 명령의 실행이 끝나면, 생성된 결과 이미지에 `pacman4console`이 포함된다. 스크립트를 사용하여 SD 카드에 넣고 즐겨보자.

정리

이번 장에서는 인기 있는 게임 팩맨 콘솔 버전을 위한 예제를 생성하였다. 실패부터 성공할 때까지 점진적으로 태스크 단위로 개발하는 것에 대해 살펴보았다.

7장에서는 간단한 감시 시스템을 만들기 위해 비글본을 사용하는 방법에 대해 알아볼 것이다.

7

집안 감시 시스템을 위한 비글본 튜닝

6장에서는 콘솔 기반 게임 애플리케이션을 생성하는 방법에 대해 알아보았다. 배움의 목적에 있어서 개발 단계를 점진적으로 살펴보았다. 이 장에서는 집안 감시 시스템을 비글본 블랙 보드로 만들기 위한 방법을 알아볼 것이다. 만들면서 문제를 발견하고, 이것을 해결하기 위한 방법을 찾을 것이다. 시스템에서 실행할 때 gstreamer 파이프라인 하나 이상을 사용하지는 않을 것이다. 하지만 이것을 하기 위해 많은 노력이 필요할 것이다. 이전 장에서 레이어의 중요성을 알았다. 이 장에서는 meta-oe와 meta-ti와 같은 여러 커뮤니티 또는 벤더에서 관리하는 레이어를 사용할 것이다.

문제점 진술

집이나 사무실 같이 다른 곳에서 집의 차고와 같은 여러 장소를 보기를 원한다고 가정한다. 하지만 이것을 하기 위해 많은 비용을 쓰고 싶지 않고, 기존에 있는 것만 사용하기를 원한다. 운좋게 다음 두 개의 부품을 사용할 수 있다.

- 비글본 블랙
- 웹캠 C110(로지텍)

또한, 특별한 것이 아닌 일반적인 웹캠을 사용하기를 원한다.

요구사항

문제점 진술한 것을 하나씩 해결하기 위해 세부적으로 나눈다. 하드웨어 요구사항은 이미 언급되었다. 여기서 문제점을 더 세부적으로 나눈다.

- 웹캠을 이용한 비디오 데이터 캡처
- 비디오 데이터 인코딩
- 압축된 비디오 데이터를 네트워크를 통해 송신
- 네트워크 통해 전송된 비디오 데이터 수신
- 수신된 비디오 데이터 재생

이러한 요구사항을 충족시키기 위한 소프트웨어를 멀티미디어 프레임워크라고 부른다. 이런 OSSOpen Source Software 프레임워크가 있고 가장 인기 있는 것이 gstreamer이다. 이미 4장에서 gstreamer를 사용했다.

기존 솔루션/문헌 조사

대부분 독자들은 1978년 이후의 세대이다. 기술적 배경지식이 있으면 그 기술을 사용하는 것을 좋아한다. 그럼 이렇게 해볼까? 그래서 Video Streaming Using Beaglebone Black으로 검색 엔진을 찾은 결과, 다음 것들이 나왔다.

전문적인 캡처 하드웨어 요구사항

인코딩된 스트림을 얻기 위해 전문적인 비디오 캡처 하드웨어를 요구하는 솔루션이다. 비글본에서 인코딩을 수행할 필요가 없다는 관점에서 이 솔루션들은 매우 좋다. 대신 인코딩된 형식이 같아야만 비디오를 볼 수 있다. 추가적으로 필요한 것은 데이터에 네트워크 관련 정보를 추가하고 네트워크로 그것을 전송하는 것이다. 하지만 이것은 하드웨어에 의존성이 있어 일반적인 접근 방식으로 분류할 수 없다. 사용자는 좋아하지 않는 특정 카메라를 가지고 있어야 할 필요가 있다.

전문적인 소프트웨어 애플리케이션 요구사항

일부 솔루션은 대부분 카메라에서 비디오 데이터 캡처와 같은 특정 작업을 위해 애플리케이션을 생성한다. 특정 작업을 위해 이 솔루션은 변하지 않는 한 분명 좋은 옵션이다. 하지만 배우는 목적에 있어서 그러한 솔루션은 약간 제한이 있다. 배우기 위해서는 계속해서 변경할 수 있는 옵션이 많아야 한다. 또한 이 애플리케이션은 기존 프레임워크를 사용하여 대부분 만들지만 약간 수정을 하고 애플리케이션을 다시 컴파일하거나 패키징하는 것이 필요하다.

데비안/앙스트롬 기반

비글본 블랙은 데비안과 앙스트롬Angstrom 배포판에서 사용할 수 있는 이미지와 솔루션이 있다. 데비안의 경우 보드에 직접 이미 빌드된 바이너리를 쉽게 다운로드할 수 있다. 개발 경험이 없는 사용자들에게 쉽지만 개발자들에게 추천하지는 않는다. 앙스트롬 기반 솔루션이 개발자들이 사용하기에는 더 좋다.

선택된 솔루션

인기있는 멀티미디어 프레임워크인 gstreamer를 이미 요구사항에서 언급했고, 그것을 선택할 것이다. 이것은 이해하기 어렵지 않다. 루트 파일 시스템에 gstreamer를 사용할 것이고 어떤 문제를 발견하게 될 것이다. 하지만 이 문제를 머리를 맞대고 해결할 것이다. 문제의 답은 플러그인 형식에 있다. gstreamer 플러그인을 사용하여 비글본에 부착된 웹캠에서 스트림을 캡처하고 클라이언트로 네트워크를 통해 캡처된 스트림을 전송할 것이다.

호스트/서버 측(비글본)

웹캠은 비글본에 부착되고 캡처된 화면을 전송할 것이다. 다음은 일부 요구사항이다.

● v4l2src: 비디오 I/O API와 드라이버 프레임워크인 Video4Linux2 기반 디바이스에서 읽기 위한 플러그인이다. 이것을 사용하면 캡처 디바이스를 폭넓게 선택할 수 있다. 이 플러그인은 사용자 공간에서 실행하고, 비글본에 USB로 붙어 있는 특정 센서들을 위한 밑단 커널 공간 드라이버와 통신하기 위해 커널 IOCTL을 호출한다.

- **비디오 디코더**: 많은 비디오 디코더 옵션을 지원한다. 지원하는 옵션을 선택하거나 기본적으로 들어 있지 않은 x264, VP8 등의 추가 코덱들을 빌드할 수 있다. 요구사항에 따른 결과물을 최적화하기 위해 여러 해상도, 비트레이트등을 선택할 수 있다.
- **rtp{codec}pay**: 데이터에 RTP 정보를 추가한다.
- **udpsink**: UDP상의 데이터를 전송하기 위한 싱크 엘리먼트이다.

클라이언트 측면

물리적으로 클라이언트 측면은 웹캠의 결과를 볼 수 있는 데스크탑이나 노트북 컴퓨터이다. 웹캠은 비글본에 부착되어 있고 네트워크로 데이터를 전송한다. 클라이언트에서는 다음에 열거된 두 가지 옵션을 사용할 수 있다.

- **VLC**: 인기 있는 비디오 재생기이다.
- **gstreamer**: gstreamer를 위해 역 파이프라인을 사용할 수 있다.

재미있게 시작하자

전략/실행 계획을 세웠고 구현을 시작할 준비가 되었다. 툴을 사용하여 시작할 수 있다. 욕토 프로젝트 디렉토리 구조도 가지고 있다. 현재 빌드 디렉토리의 conf 디렉토리에 있는 bblayers.conf 파일에 다음 레이어를 추가한다.

```
BBLAYERS ?= " \
        /home/irfan/yocto/poky/meta \
        /home/irfan/yocto/poky/meta-yocto \
        /home/irfan/yocto/poky/meta-yocto-bsp \
        /home/irfan/yocto/poky/meta-ybdevelop \
"
```

우선 기존 레이어에 gstreamer 예제가 있는지 여부를 확인한다. 다음과 같이 이것을 조사하기 위해 욕토 프로젝트 디렉토리 내에서 find 명령어를 사용할 수 있다.

```
$ find ./meta* -name gst*
```

이 결과에서 meta/recipes-multimedia/에 사용할 수 있는 gstreamer 예제를 가지고 있다는 것을 볼 수 있다.

이 디렉토리를 살펴보면 많은 예제들을 찾을 수 있다. 0.10과 1.0 두 가지 버전의 gstreamer 예제가 있고 여기서는 0.10 버전을 사용할 것이다. 이 두 버전들 외에, 앞으로 설명할 4가지 유형의 예제들이 있다. gstreamer_0.10.36.bb는 핵심 gstreamer 라이브러리 예제이고 다른 4개는 gstreamer의 플러그인 종류이다.

base 플러그인

커뮤니티에서 충분히 지원받는 플러그인의 기본 집합들이다.

good 플러그인

커뮤니티에 지원을 받고 라이선스 문제도 없는 플러그인들이다.

bad 플러그인

이 플러그인은 잘 테스트되지 않았다.

ugly 플러그인

이 플러그인은 잘 지원되지만 대부분 리버스 엔지니어링된 것이다. 그래서 이 플러그인을 배포한다면 신중해야 한다.

일반적인 카테고리에 적당하지 않은 몇 개의 예제가 더 있다. 필요하다면 추가될 수 있는 코덱들이 있다. 예를 들면, ffmpeg은 오디오 비디오 코덱과 포맷 래퍼의 전체 집합을 가지고 있다.

gstreamer과 플러그인 활성화

gstreamer와 모든 플러그인을 사용하기 위해 이전 장에서 사용했던 packagegroup-yb-develope를 사용한다. 필요한 플러그인만 선택하고, 그 것은 meta-yb-develop/recipes-examples에 있는 packagegroup-yb-develope.bb 파일의 RDEPENDS_${PN} 변수에 다음을 추가하여 사용한다.

```
gstreamer \
gst-plugins-base \
gst-plugins-good-meta \
gst-plugins-good \
gst-plugins-bad \
gst-plugins-ugly \
```

 ugly 플러그인을 사용려면 4장에서 언급한 local.conf나 auto.conf 파일에서 다음과 같이 화이트 리스트를 추가해야 한다.

```
LICENSE_FLAGS_WHITELIST = "commercial"
```

이 플러그인들을 선택하면 애플리케이션/파이프라인에서 사용할 코덱에 의존성을 가지고 빌드되어야 한다. 여기서는 ugly 플러그인 집합은 필요하지 않기 때문에, 제품에 이것들을 추가하지 않는다. 대신 사용자에게 사용 방법은 제공할 수 있다.

이 패키지 그룹은 이미 core-image-sato에 추가되어 있다. 루트 파일 시스템을 만들기 위해 다음 명령어를 사용하여 빌드만 하면 된다.

```
$ bitbake core-image-sato
```

생성된 이미지에서 gstreamer를 사용할 수 있다. 해킹 방법으로 생성된 루트 파일 시스템 이미지 또는 image/usr/lib/gstreamer와 gstreamer-0.1 디렉토리에서 gstreamer 관련 내용물들을 찾을 수 있다. 또는 이미지를 보드에 넣고, 보드에서 다음 명령을 실행할 수 있다.

```
$ gst-inspect
```

이것은 뒤에서 사용할 gst-launch와 같은 다른 유용한 툴처럼 gstreamer 툴이다. 인자 없이 사용하면 이 툴은 코덱, 소스 엘리먼트, 싱크 엘리먼트 등 모든 이용 가능한 플러그인들을 보여준다. 이 툴에 입력을 엘리먼트로 주면 엘리먼트의 자세한 정보를 준다. 예를 들어, 특정 엘리먼트의 기능과 인자가 무엇인지 알기를 원한다. udpsrc를 알기 위해 다음 명령을 사용한다.

```
$ gst-inspect udpsrc
```

udpsrc 엘리먼트에 대한 자세한 정보를 열거할 것이다. 여기서 이 툴이 보여주는 정보는 다음과 같다.

- **팩토리의 자세한 정보**: 엘리먼트의 긴 이름, 클래스, 설명, 저자와 같은 자세한 정보를 보여준다.
- **플러그인의 자세한 정보**: 엘리먼트의 전체 경로, 버전, 라이선스와 함께 이름, 설명, 라이브러리 파일 이름을 보여준다.
- **엘리먼트 플래그**: 엘리먼트의 플래그를 보여준다.
- **엘리먼트 속성**: 이름, 포맷, 버퍼, 필요하다면 디바이스, 플래그 등 엘리먼트의 속성을 보여준다.

Video4Linux2 사용

앞에서 설정한 정보로 빌드, 이미지 배포, 보드에 이미지를 올릴 때 다음을 확인하게 된다.

- gstreamer를 사용한다.

- gstreamer 툴인 gst-inspect와 gst-launch를 사용한다.

- 요구사항을 만족하기 위한 엘리먼트를 사용한다.

빌드된 이미지로 gstreamer와 그 툴들을 사용할 수 있는지 확인할 수 있지만, 요구사항을 만족하기 위한 엘리먼트가 있는지 확인하기 어렵다. 왜 그럴까? 이미지를 캡처하기 위해 필요한 v4l2src 엘리먼트를 가지고 있지 않다. 이제 다음 단계로 가보자. 왜 그것을 가지고 있지 않은지에 대한 조사가 필요하다. v4l2src 엘리먼트를 포함했던 패키지 그룹은 http://gstreamer. freedesktop.org/data/doc/gstreamer/head/gst-plugins-good-plugins/ html/에서 볼 수 있다. gst-plugins-good_0.10.31.bb 예제를 보고 더 조사할 필요가 있다. 그러면 이 예제에서 다음 줄을 볼수 있다.

```
PACKAGECONFIG[v4l] = "--with-libv4l2,--without-libv4l2,libv4l"
```

여기서 v4l을 선택적으로 활성화시키거나 비활성화시킬 수 있음을 알 수 있다. v4l을 활성화시킬 수 있는 방법은 3가지가 있다.

예제 수정

gst-plugins-good0.10.31.bb 파일에서 다음 줄을 추가한다. 이 줄은 -libv4l2 옵션과 함께 패키지를 빌드하도록 한다.

```
PACKAGECONFIG += "v4l"
```

이 방식이 동작은 하지만, 올바른 접근 방식이 아니기 때문에 추천하지는 않는다.

bbappend 사용

meta-yb-develop/recipes-multipmedia/gstreamer/에서 gst-plugins-good_0.10.31.bbappend와 같이 gst-plugins-good_0.10.31.bb에 대한 bbappend 파일을 생성하고 다음 줄을 추가한다.

```
PACKAGECONFIG += "v4l"
```

이것이 가장 적합하고 추천하는 방식이다.

local.conf 사용

나처럼 게으른 사람이고 두 번째 접근 방법이 지나친 것 같으면, 같은 효과를 얻기 위해 local.conf 또는 auto.conf 파일에 다음 문법을 사용할 수 있다.

```
PACKAGECONFIG_append_pn-gst-plugins-good = "v4l"
```

이것은 조건적이고 쉽게 만들기 위해 append와 pn을 조합한 것을 기억하자.

 x264 인코더를 사용하고 싶으면 local.conf 또는 auto.conf 파일에 다음 줄을 추가하는 것이 필요하다.

```
PACKAGECONFIG_append_pn-gst-plugins-ugly = "x264"
```

이것 외에 위에서 설명한 다른 접근 방식들을 사용할 수 있다. 그 외에 다른 코덱들도 사용할 수 있다.

이 방법으로 패키지를 빌드하기 위해서는 루트 파일 시스템에 v4l2src가 이미 있어야 한다. 하지만 최소한 R&D 관련된 일에 있어서, 그리 간단하지 않다. 문제는 현재 사용할 수 없는 v4l-utils 패키지에 의존성을 가지고 있어 패키지를 빌드하는 동안 에러를 볼 수 있다. 이 문제를 해결하기 위해, v4l-utils 패키지를 제공해야 한다. 이 패키지는 포키에는 없고 meta-oe/meta-oe에 있다. 포키가 있는 욕토 프로젝트 디렉토리에서 다음 명령을 사용하여 다운로드하도록 한다.

```
$ git clone -b daisy git@github.com:openembedded/meta-oe.git[1]
```

이렇게 하면 meta-oe 하위 디렉토리가 포함된 meta-oe 디렉토리가 생성된다. 이 레이어를 사용하기 위해 bblayers.conf 파일에 다음과 같이 그 경로를 추가해야한다.

```
/home/irfan/yocto/meta-oe/meta-oe \
```

이제 bblayers.conf 파일이 수정되었고 다시 bitbake 명령을 실행하면 성공적으로 빌드가 될 것이다.

다음 단계는 gstreamer 파이프라인을 구축하는 것이다.

gstreamer 파이프라인

여기서는 gstreamer 파이프라인을 설명한다. 하드웨어 설정을 하고 이 파이프라인을 사용한다.

```
# gst-launch v4l2src device=/dev/video0 ! 'video/x-rawyuv,
width=320,height=240' ! x264enc pass=qual quantizer=20
tune=zerolatency ! rtph264pay ! udpsink host=192.168.1.5 port=5000
```

gst-launch 명령을 사용해서 카메라 드라이버로 주어진 인자와 함께 요청해서 구매한 센서가 지원하는 최대치를 알아야 한다. 카메라가 720p(HD)는 지원하지만 1080p(full HD)를 지원하지 않으면, 가로 1920, 세로 1080의 요청은 할 수 없다. 그것은 간단한 에러를 주거나 일부 경우에는 드라이버 내 구현 의존성에 의해 그것조차 없을 수 있다. 또한 스트리밍 품질을 높이기 위해 카메라가 지원하는 초당 프레임 수도 알아야 한다.

---

1 이 명령으로 다운로드하려면 github에 key를 등록해야 한다. git clone -b dasiy https://github.com/openembedded/meta-oe.git 명령을 사용하면 인증 과정 없이 다운로드할 수 있다. - 옮긴이

gstreamer에 의해 제공되는 gst-launch 툴은 엘리먼트의 파이프라인을 실행하는 데 사용될 수 있다. 앞의 파이프라인에서 본 것처럼, 모든 엘리먼트들은 감탄사 기호(!)로 분리된다.

 자세한 정보표시 모드(Verbosity)는 -v 옵션을 사용하여 설정한다. 정보 표시 레벨은 -vv, -vvv 등과 같이 알파벳 v를 많이 추가할수록 높아진다. 이렇게 하면 기본적으로 사용되는 입력과 출력 속성, 기능을 알 수 있다.

엘리먼트를 하나씩 살펴본다.

- v4l2src: 비디오 캡처를 위한 소스 플러그인이다.

- video/x-raw-yuv,width=320,height=240: 입력 비디오 유형과 해상도를 설정한다.

- x264enc: H.264 비디오 인코더이다. 낮은 비트레이트에서 좋은 품질을 얻기 위해 선택한다. h264가 ugly 플러그인 집합이기 때문에 사용하기를 원하지 않은다면 다른 비디오 코덱(Theora, VP8 등)을 선택할 수 있다.

- rtph264pay: RTP payload를 추가하는 플러그인이다.

- udpsink: UDP 싱크 엘리먼트이다. 데이터를 수신하기를 원하는 호스트에 사용할 수 있다. 또한 여러 클라이언트가 있으면, 멀티캐스트로도 사용할 수 있다.

 USB 비디오 클래스 드라이버는 nodrop=1과 함께 로드된다.

클라이언트 측면

서버 측면에서 gstreamer 파이프라인을 비글본 보드에서 실행했다. 이 파이프라인은 웹캠 데이터를 캡처, 인코딩, RPT 헤더를 적용, 클라이언트에 전송을 한다. udpsink의 호스트 옵션에 IP를 입력했다. 이제 클라이언트에서 비디오를 재생할 수 있는 필요한 두 가지 방법에 대해 알아본다.

VLC

VLC는 인기 있는 비디오 플레이어이어다. 컴퓨터에서 작업하면서 이 플레이어를 모르는 사람은 상상할 수도 없다. 이 플레이어를 사용하기 위해 다음 내용이 포함된 .sdp 파일을 생성할 필요가 있다.

```
test.sdp:
v=0
m=video 5000 RTP/AVP 96
c=IN IP4 192.168.1.5
a=rtpmap:96 H264/90000
```

VLC 플레이어를 사용하여 이 파일은 열면, 서버에서 캡처된 웹캠의 결과물을 얻을 수 있어야 한다. 앞에서는 서버에서 파이프라인을 실행했다. 이 파이프라인은 192.168.1.5 머신에서 5000번 포트 번호를 옵션으로 사용하여 UDP 패킷을 전송한다. VLC는 포트, IP, 다른 비디오 설정이 있는 이 SDP 파일 정보를 이용하여 비디오를 보여준다.

gstreamer

다른 방법은 다음과 같이 gstreamer 파이프라인을 사용하는 것이다.

```
gst-launch udpsrc port=5000 ! rtph264depay ! x264dec ! autovideosink
```

비글본에서 실행하는 파이프라인에서 udpsink를 명시했기 때문에 udp 엘리먼트에 IP를 명시할 필요가 없다. 다음 두 파이프라인은 선택된 인코더/디코더와 pay/depay 엘리먼트의 여러 조합을 가질 수 있다. 여기서는 h264와 RTP만 사용한다. 다른 옵션 또한 시도할 수 있다. 특정 하드웨어를 사용하거나 비디오 디스플레이 개발을 위해 일부 수정된 엘리먼트를 사용하지 않는 한 autovideosink에는 어떤 수정도 하지 않는다.

실행을 위한 준비와 문제 발생

앞에서 언급했듯이 R&D 업무는 항상 놀라움의 연속이고 이 경우도 그렇다. 이제 데모를 만들고 사용한 솔루션에서도 문제들이 발생할 것이다.

카메라 발견 문제

첫 번째 이미지에서 카메라가 발견되지 않았다. 약간의 디버깅을 해서, linux-yocto인 욕토 프로젝트 기본 커널을 사용했다는 것을 알았다. 알고보니 멀티미디어 애플리케이션을 위해 필요한 커널 설정이 활성화되지 않았다. 그래서 보드에 카메라를 연결하면 다음과 같은 결과만 보여주었다.

```
usb 2-1: new high-speed USB device number 2 using musb-hdrc
```

디버깅한 결과, v4l2는 빌드에서 빠진 UVC USB Video Class 드라이버를 사용한다는 것을 알았다. 문제 해결을 위해 다음 커널 설정을 활성화했다. menuconfig를 실행하여 이미 활성화된 설정들을 확인할 수 있다. 또는 tmp/work/beaglebone-poky-linux-gnueabi/{linux-selected-recipe}/{KVERSION}-r22d+gitrAUTOINC+{GITHASH}/git/.config에 있는 .config 파일에서 그 설정들을 찾을 수 있다.

```
CONFIG_MEDIA_CONTROLLER=m
CONFIG_VIDEO_DEV=m
CONFIG_VIDEO_V4L2_SUBDEV_API=y
CONFIG_VIDEO_V4L2=m
CONFIG_V4L2_MEM2MEM_DEV=m
CONFIG_VIDEOBUF_GEN=m
CONFIG_VIDEOBUF_DMA_CONTIG=m
CONFIG_VIDEOBUF2_CORE=m
CONFIG_VIDEOBUF2_MEMOPS=m
CONFIG_VIDEOBUF2_DMA_CONTIG=m
CONFIG_VIDEOBUF2_VMALLOC=m
CONFIG_USB_VIDEO_CLASS=m
CONFIG_USB_VIDEO_CLASS_INPUT_EVDEV=y
CONFIG_USB_GSPCA=m
CONFIG_V4L_PLATFORM_DRIVERS=y
CONFIG_V4L_MEM2MEM_DRIVERS=y
CONFIG_VIDEO_MEM2MEM_DEINTERLACE=m
```

이 설정을 활성화하면 웹캠은 성공적으로 탐지될 것이다. 설정을 활성화하기 위한 방법은 이외에도 여러 가지가 있다. 자세한 것은 다음 장에서 설명한다. 다음은 설정 방법이다.

- 다음 명령을 사용하여 menuconfig 태스크를 실행할 수 있다.

    ```
    $ bitbake -c menuconfig virtual/kernel
    ```

- 그러면 GUI로 이 설정들을 활성화할 수 있다.

- 단순히 설정 내용을 .config 파일에 복사한다.

- 다음은 설정한 부분을 사용하는 방법이다.

    1. layer/recipes-kernel/linux/kernel-name_version.bbappend에 커널을 위한 bbappend 파일을 생성한다.

    2. test.cfg와 같이 〈name〉.cfg 파일에 모든 설정 내용을 추가하고 layer/recipes-kernel/linux/files/에 cfg 파일을 위치시킨다.

3. bbappend 파일에서 다음 두 줄을 추가한다.

```
FILESEXTRAPATHS_prepend := "${THISDIR}/files:"
SRC_URI_append = " test.cfg"
```

레퍼런스 목적으로 이 파일에 설정을 추가한다. TI 커널을 사용하면 기본적으로 이것들이 활성화될것이다. 이제 인내를 가지고 기다리자!

여기 벤더 정보와 모델에 대해 자세히 나온 결과이다.

```
usb 2-1: New USB device found, idVendor=046d, idProduct=0829
usb 2-1: New USB device strings: Mfr=1, Product=2, SerialNumber=0
usb 2-1: Product: Webcam C110 uvcvideo: Found UVC 1.00 device Webcam
C110 (046d:0829)
```

UVC 드라이버 DMA 문제

욕토 프로젝트 커널에서 DMA 관련 문제에 직면했다. DMA가 동작하지 않는다. 다음 줄과 비슷한 무언가를 보여주었지만 아무 결과도 없었다.

```
Setting pipeline to PAUSED ...
Pipeline is live and does not need PREROLL ...
Setting pipeline to PLAYING ...
New clock: GstSystemClock
```

이 문제를 해결하기 위한 방법으로, 관련된 수정사항이 있는 TI에서 제공하는 리눅스 커널을 사용하기 위해 meta-ti를 사용하여 rootfs를 빌드해야 한다.

meta-ti 레이어로 빌드

하드웨어 관련된 다른 문제들을 위해 수정사항을 찾는 것 보다, 우선 벤더에서 제공하는 것을 알고 확인하는 것이 현명하다. 거기서 동작한다면 비교하거나

직접 그것들을 사용할 수도 있다. 이 목적을 달성하기 위해 다음 단계를 따라
하면 된다.

레이어 다운로드

텍사스 인스트루먼트의 meta-ti는 git.yoctoproject.org/cgit/cgit.cgi/meta-
ti/에서 있고, 다음과 같이 욕토 프로젝트 디렉토리에 이것을 다운로드한다.

```
$ git clone -b daisy git://git.yoctoproject.org/meta-ti
```

레이어 우선순위 설정

yocto 레이어에서 중복된 내용이 선택되지 않고 meta-ti로 재정의되도록 하
기 위해 meta-yocto와 meta-yocto-bsp보다 더 높은 우선순위를 meta-ti 레
이어에 할당한다. 이를 위해, meta-ti/conf/layer.conf 파일에 우선순위를 설
정해야 한다.

```
BBFILE_PRIORITY_meta-ti = "7"
```

 간단한 해결책 중 하나는 bblayers.conf 파일에서 meta-yocto-bsp를 제거하는 것이다.

레이어 활성화

이 레이어를 사용하기 위해, bblayers.conf 파일에 다음 줄을 추가했다.

```
/home/irfan/yocto/meta-ti \
```

 절대 경로를 사용하는 대신에 다음과 같이 디렉토리를 가리키기 위해 $TOPDIR 변수를
사용할 수도 있다.

```
$TOPDIR/../../meta-ti \
```

다음 이미지 생성 명령을 실행할 준비가 되었다.

```
$ bitbake core-image-sato
```

그러면, 생성된 이미지는 정상적으로 동작을 할 것이다. 이제 즐겨보자.

추가적인 기능 강화

기존 작업 예제에서 더 나은 결과를 얻기 위해 추가적인 수정 작업을 할 수 있다. 이를 위해, 다음 영역을 실험하고 자세히 분석할 수 있다.

- uvcvideo 모듈 업데이트 부분을 편집하기 위해 /etc/modprobe.d/modprobe.conf를 수정할 필요가 있고, 이를 위해 예제를 생성해야 한다.

- 수동으로 실행하지 않고 보드 부팅 후 파이프라인을 실행하게 하기 위해, systemd 서비스를 생성할 수 있다. 예제를 사용하여 meta-yb-develop에 서비스를 생성해야 한다.

- 보드의 DSP 부분이 구현되고 하드웨어 전체 기능을 강화하기 위해, 벤더에서 제공하는 디코더를 사용할 수 있다. 이를 위해 meta-ti에 있는 gstreamer-ti를 사용할 수 있다. 이것을 연습삼아 적용하고 실행을 해보는 것을 고려해보자.

- RTSP와 웹 서버 lighttpd의 조합을 사용하여 사용자 경험을 강화시킬 수 있다. 이렇게 되면 클라이언트에서 gstreamer 파이프라인이나 VLC를 수동으로 실행시킬 필요가 없다. 웹 페이지로 가서 결과만 보면 된다. 이것을 하기 위해 다른 접근 방식을 사용할 수도 있다. 어느 기술을 선택하던 비디오를 보여주는 웹 페이지를 호스트할 웹 서버는 필요하다. 웹 브라우저에서 VLC 플러그인을 사용하기 위해서 http://www.tldp.org/REF/VLC-

User-Guide/x1574.html의 가이드를 참고하면 된다. 웹 서버를 사용하기 위해서 다음 두 가지 방법을 사용할 수 있다.

○ 가장 쉬운 방법은 웹 페이지를 제공하기 위해 VLC 플레이어를 재생할 클라이언트 머신에 웹 서버를 설치하는 것이다. 그 웹 페이지는 RTP로 수신한 비디오 스트림을 재생할 것이다. 웹 서버를 설치하고 그 비디오를 보여주는 것을 넣기 위한 웹 페이지를 생성해야 할 것이다.

○ 추가 서버를 원하지 않고, 웹 서버로 비글본 보드를 사용한다면 약간의 작업이 더 필요하다. 하지만 어떤 선택을 하던 웹 서버를 설정하고 웹 페이지를 생성해야 한다. 그 외에 여기에서는 욕토 프로젝트를 사용하여 선택된 웹 서버 패키지를 추가해야 한다. 또한 파이프라인의 호스트 옵션에서 비글본 IP를 사용해야 한다.

정리

이번 장에서는 보드에서 gstreamer를 사용하는 방법에 대해 알아보았다. 이를 위해 설정을 수정하고 추가 레이어를 사용했다. 동작 중 디버깅해야 하는 문제가 발생했고 이를 해결하는 방법을 알아보았다. 8장에서는 비글본 블랙으로 무선 핫스팟을 만들 것이다.

8

무선 액세스 포인트로
비글본 사용

7장에서는 집안 감시 시스템을 위한 간단한 솔루션을 만들었다. 이 장에서는
비글본 블랙으로 무선 핫스팟을 만들 것이다. 이를 위해 커널에 필요한 설정
을 활성화하는 방법, 커널을 수정하는 방법 등에 대해 알아볼 것이다. 또한 기
본 upstart 프로그램을 수정하는 방법도 알아볼 것이다. 추가적으로 타깃이 부
팅될 때 실행하기 위해, 모든 설정파일을 필요한 위치에 있도록 파일 시스템을
수정하기 위한 예제를 만들 것이다. 이 설정 파일들은 다른 모듈들과도 관련이
있다.

문제점 진술/유스 케이스

라우터가 원인을 알 수 없는 문제로 무선 액세스 포인트 기능이 멈추었다. 랜 연결은 정상적이다. 시장에 가서 새로운 라우터를 사야 할까? 또는 집에서 고칠 수 있는 다른 옵션들이 있을까? 또는 다른 솔루션으로 대체할 수는 없을까? 다음 하드웨어를 이용할 수 있다.

- 비글본 블랙
- ZyXEL 무선 동글

여분으로 오래된 랩탑에 이 동글을 사용하고 있었다. 그러면 같은 동글을 사용할 수 있을까? 욕토 프로젝트를 사용하여 이 무선 동글을 비글본 블랙에 활성화시켜 동작하게 함으로써 문제를 해결할 수 있을까?

요구사항

이 문제를 해결하기 위해 가용한 하드웨어 리소스를 사용하기를 원한다. 이것을 위해 욕토 프로젝트에서 다음 소프트웨어들이 필요로 하고 USB 동글을 지원하기 위한 리눅스 커널 드라이버를 사용할 것이다.

- 핫스팟을 만들기 위한 사용자 공간 애플리케이션
- DHCP 서버를 제공하기 위한 사용자 공간 애플리케이션
- 핫스팟과 DHCP 서버 애플리케이션을 위한 환경 설정

문헌 조사

비글본 블랙을 사용하여 무선 핫스팟을 만들기 위한 방법은 여러 가지가 있다. 이 방법들은 배포판과 선택된 패키지에 의존성이 있고 다음과 같은 차이가 있다.

- 솔루션들은 이미 사용 가능하거나 최신 커널 관련 수정사항이 없는 패키지에 주로 의존성이 있다.

- 데비안 기반에서 패키지는 이미 사용할 수 있거나, 미리 컴파일된 바이너리 설치하고 설치 후 수동으로 패키지 설정을 위한 가이드를 제공한다.

- 어떤 솔루션은 upstart 기술로 sysvinit 사용하고 다른 것들은 systemd를 사용한다.

- 어떤 솔루션은 DHCP를 사용하고, 다른 것들은 udhcp를 사용한다.

이 솔루션들의 공통점은 hostapd를 사용하는 것이고, 여기서도 사용할 것이다. http://www.nathandumont.com/blog/wifi-hotspot-and-dhcp-from-a-beaglebone과 https://fleshandmachines.wordpress.com/2012/10/04/wifi-acces-point-on-beaglebone-with-dhcp/에서 사용한 접근 방법처럼 할 것이지만 욕토 프로젝트로 한 번 감쌀 것이다.

전략

다음 패키지들을 사용할 것이다.

- 앞에서 언급했던 솔루션으로 hostapd를 사용한다.
- DHCP 대신 udhcp를 사용한다.
- 커널 위에서 제어하고 디바이스를 사용하기 위해 약간의 커널 설정하는 것에 대해 설명할 것이다.

- systemd를 사용할 것이다. 지금까지 sysvinit을 사용한 것을 보았다. systemd의 특성을 살펴 보면 발전 가능성이 있다는 것을 알 수 있다.
- 루트 파일 시스템으로 필요한 패키지에 관련된 설정을 복사하는 예제를 생성할 것이다.

 패키지의 기본 설정 파일들을 수정하지 않는다. 필요할 때 원본을 참고할 수 있도록 새로운 버전을 만들도록 한다.

커널 지원 활성화

데스크탑 배포판의 경우 이것을 할 필요가 없다. 이것은 배포판이 모듈로써 대부분의 설정 옵션들을 가지고 있기 때문이다. 디바이스를 붙이면 언제든 이 설정들은 로딩된다. 이러한 경우에서 성능은 가장 높은 우선순위가 아니지만 임베디드 배포판의 경우에는 성능을 중요시한다. 커널을 설정하기 위해 다음 명령을 사용하여 menuconfig를 실행한다.

```
$ bitbake -c menuconfig virtual/kernel
```

이 명령어는 menuconfig를 보여주고, 분리된 터미널을 실행할 것이다. 디바이스를 설정하기 위해 다음을 따라 수정하는 것이 필요하다.

네트워크 지원 – 무선

다음 내용에 있는 것들을 선택하고, 선택하지 않은 것은 지나간다.

```
  ----Wireless
<*>    cfg80211 - wireless configuration API
[*]          enable power save by default
[*]          cfg80211 DebugFS entries
[*]          cfg80211 wireless extensions compatibility
<M> Generic IEEE 802.11 Networking Stack (mac80211)
[*]       PID controller based rate control algorithm
-*-    Enable LED triggers
-*-    Export mac80211 internals in DebugFS
[*]       Trace all mac80211 debug messages
```

Device Drivers > Network device support > Wireless LAN > ATheros Wireless Cards

알아보기 쉽게 하기 위해 선택된 것만 보여준다. 디바이스마다 이것은 다르다. 여기서는 carl9170 커뮤니티 리눅스 드라이버를 사용한다.

```
--- Atheros Wireless Cards
<M> Atheros 5xxx wireless cards support
-*-     Atheros 5xxx PCI bus support
<M> Atheros 802.11n wireless cards support
[*]         Atheros ath9k PCI/PCIe bus support
[*]         Atheros ath9k AHB bus support
[*]         Atheros ath9k rate control
<M> Atheros HTC based wireless cards support
<M> Linux Community AR9170 802.11n USB support
[*]         SoftLED Support
[*]         DebugFS Support
<M> Atheros 802.11ac wireless cards support
```

 여러 디바이스를 지원하기 위해 여러가지 사용 가능한 설정 집합이 있다. 그래서 디바이스에 맞는 설정을 선택하는 것이 필요하다.

커널 설정을 하는 좋은 접근 방법

실험하는 동안 memuconfig를 사용하여 설정하는 방법은 사용하기 쉽다. 하지만 일단 디바이스를 사용하기 위해 필요한 설정 내용을 정확히 알면, 이 정보를 사용하여 .cfg 확장자를 가진 파일을 생성하는 것이 좋다. 예를 들어 다음 zexel.cfg 파일은 다음 내용들을 가지고 있다.

```
CONFIG_ATH_COMMON=m
CONFIG_ATH_CARDS=m
CONFIG_CARL9170=m
CONFIG_CARL9170_LEDS=y
CONFIG_CARL9170_DEBUGFS=y
CONFIG_CARL9170_WPC=y
```

이제 다음 단계를 수행한다.

1. meta-ybdevelop/recipes-*/에 linux 디렉토리를 생성한다.

2. 1단계에서 언급한 경로의 file 디렉토리에 설정 파일을 놓는다.

3. 커널의 bbappend 파일을 생성하고 SRC_URI_append 문법을 사용하여 설정 파일 경로를 추가한다.

4. .cfg 파일을 경로 탐색하는 곳에 추가하기 위해 FILESEXTRAPATH 변수를 bbappend에 설정한다.

이렇게 하면, 이 설정 파일은 자동으로 커널에 적용되고, 커널을 빌드할 때마다 매번 수동으로 활성화할 필요가 없다.

 여러 cfg 파일로 이 책에서 설정했던 모든 커널 설정을 체계화할 수 있다.

펌웨어 복사

http://git.kernel.org/cgit/linux/kernel/git/firmware/linux-firmware.git에서 관련 펌웨어를 받을 수 있다. 우선 펌웨어를 다운로드하고 루트 파일 시스템의 lib/firmware 디렉토리로 적절한 펌웨어 파일을 복사해야 한다. 여기서는 carl9170-1.fw 파일을 사용한다. 마운트된 SD 카드 루트 디렉토리에 lib/firmwrae 경로로 그 파일을 복사한다. 이 파일을 복사하지 않으면 USB 무선 동글을 찾는 것을 시도할때 펌웨어를 발견할 수 없다는 에러를 볼 것이다.

 대부분은 펌웨어를 받기 위해 poky/meta/recipes-kernel/linux-firmware_git.bb 저장소를 사용할 수 있다. 설치 단계에서 carl9170을 제외한 다른 펌웨어 파일들을 제거할 필요가 있다.

이전 커널 버전 사용

커널 설정을 한 후, 새로운 루트 파일 시스템을 빌드하고 타깃을 부팅한다. 타깃이 부팅될 때, dmesg에 다음과 같은 로그를 보면 성공적으로 ZyXEL USB 동글이 탐지되었다는 것을 알 수 있다.

```
[ 11.080312] usb 2-1: new high-speed USB device number 2 using musb- hdrc
[ 11.282092] usb 2-1: New USB device found, idVendor=0586, idProduct=3417
[ 11.289320] usb 2-1: New USB device strings: Mfr=16, Product=32,
SerialNumber=48
[ 11.297257] usb 2-1: Product: ZyXEL NWD271N
```

하지만 iwconfig 명령을 실행했을때, 원하지 않은 다음과 같은 결과를 얻었다.

```
# iwconfig wlan0
no wireless extensions.
lo no wireless extensions.
eth0 no wireless extensions.
```

실패의 원인을 찾아보니, 특정 커널 3.14.19 버전에서 이것을 지원하지 않았다. 그래서 이전 버전으로 내려서 테스트할 필요가 있었고 테스트한 결과 3.12.30 버전을 찾았다. auto.conf 파일에 다음 명령을 사용하여 커널 버전을 내렸다. auto.conf 파일을 사용하지 않는다면 local.conf를 사용할 수 있다.

```
PREFERRED_VERSION_linux-ti-staging = "3.12.30"
```

이미지를 생성하기 위해 bitbake core-image-sato를 다시 실행한다. SD 카드를 준비하고 타깃을 부팅한다. 디바이스가 정상적으로 작동하는지 확인한다. iwconfig에서 다음과 같은 결과를 얻을 수 있었다.

```
# iwconfig wlan0 IEEE 802.11bgn ESSID:off/any
              Mode:Managed Access Point: Not-Associated Tx-Power=0 dBm
              Retry long limit:7 RTS thr:off Fragment thr:off
              Encryption key:off
              Power Management:off
```

성공적으로 wlan0을 찾았고, 다음 단계로 이동한다.

rfkill 문제

커널의 ${WORKDIR}의 arch/arm/configs/omap2plus_defconfig에서 볼 수 있듯이 기본 커널 설정에서 CONFIG_RFKILL이 활성화되어 있다.

```
CONFIG_RFKILL=y
```

이것은 무선을 막는 원인이 되었다. 다음 명령어를 사용하여 확인할 수 있다.

```
# rfkill list
```

다음 명령어를 사용하여 막은 것을 풀 수 있다.

```
# rfkill unblock all or rfkill unblock wifi
```

하지만 매번 이 명령어를 실행하지 않게 하기 위해 커널에서 rfkill을 비활성화시키는 것은 좋은 방법이 아니다. 추천하는 방법은 앞의 명령어를 upstart 스크립트에 넣는 것이다.

필요한 패키지

앞에서 설명한 것처럼, 액세스 포인트로 보드를 사용하기 위해 hostapd를 사용한다. 이 예제는 meta-oe/meta-oe/recipes-connectivity/에 있다. 이 레이어가 bblayers.conf 파일에 들어 있는지 확인한다. 또한 루트 파일 시스템에 패키지를 넣기 위해 분리된 패키지 그룹을 만든다. 이름은 packagegroup-yb-hotspot.bb이고 hostap-daemon을 그곳에 추가한다.

```
RDEPENDS_${PN} = " \
        hostap-daemon \
"
```

이 패키지 그룹에 다른 예제도 추가할 것이지만 아직은 아니다. 또한 앞에서 만들었던 패키지 그룹과 같이 inherit, SUMMARY, LICENSE와 같은 줄들을 추가해야 한다.

upstart 스크립트 수정

예제 작성을 시작하기 전에 사용할 upstart 서비스 관리자 종류를 결정하는 것이 필요하다. 두 가지 옵션이 있다. 하나는 지금까지 사용했던 sysvinit이고 다른 하나는 systemd이다. 여기서는 새롭게 최근에 생겨난 systemd를 알고, 내가 좋아하기 때문에 후자를 사용할 것이다. 그것은 시작하기에 많은 시

간을 필요로 한다. systemd를 사용하기 위해, auto.conf 파일에 다음 줄들을
추가해야 한다.

```
DISTRO_FEATURES_append = " systemd"
VIRTUAL-RUNTIME_init_manager = "systemd"
DISTRO_FEATURES_BACKFILL_CONSIDERED = "sysvinit"
```

이전에 사용했던 명령어들을 사용하여 전체 이미지를 다시 빌드해야 한다.

 모든 모듈이 재빌드되도록 하기 위해서 강제로 virtual/kernel을 재빌드하는 것을 추천한다.

virtual/kernel을 재빌드하기 위해 다음 명령어를 사용했다.

$ bitbake -C compile virtual/kernel; bitbake core-image-sato

systemd를 확인하고 싶으면, systemd-analyze을 앞에서 만든 패키지 그룹에
추가하여 이미지에 추가하는 것을 추천한다.

이미지를 빌드하고 재부팅을 해도 가끔 최초에 마법과 같이 동작하지 않는다.
하지만 어렵게 배우는 것이 오래남는다. 여기에 무엇을 놓쳤을까? systemd 또
한 추가 커널 설정을 해야 하고 CGROUPS, AUTOFS4, FANOTIFY, DEVTMPFS를 활
성화할 필요가 있다.

```
General setup --->
    [*] Control Group support --->
File systems --->
    [*]Filesystem wide access notification
    <*> Kernel automounter version 4 support (also supports v3)
Device Drivers --->
Generic Driver Options --->
    [*] Maintain a devtmpfs filesystem to mount at /dev
    [*] Automount devtmpfs at /dev, after the kernel mounted the rootfs
```

여전히 CONFIG_FHANDLE가 설정되어 있지 않아서 문제가 발생하고 그것을 다음과 같이 설정할 수 있다.

```
General setup --->
  [*] open by fhandle syscalls
```

이렇게 하면 문제가 해결된다. 이제 sysvinit 대신 systemd를 사용하여 시스템을 성공적으로 로그인할 수 있다.

hostpot-yb 예제

hostpot-yb 예제 디렉토리에서 tree 명령어를 실행하면 다음과 같은 결과를 얻을 수 있다.

```
$ tree ../meta-ybdevelop/recipes-example/hotspot-yb/
../meta-ybdevelop/recipes-example/hotspot-yb/
├── files
│   ├── aplaunch.sh
│   ├── ap.service
│   ├── carl9170.conf
│   ├── hostapd.conf.yb
│   ├── setup-gw.sh
│   ├── udhcpd.conf.yb
│   └── udhcpd.leases
└── hotspot-yb_0.1.bb
```

비록 문헌 조사에서 공유된 링크를 통해 대부분 알 수 있지만, 우선 이 파일들을 한 줄씩 설명할 것이다. 하지만 일부 파일은 이름이 수정되거나 일부 내용이 변경되었다. 일부 파일들과 내용에 대해서는 설명하지 않았다. 다음은 두 간단한 작업만 하는, 복잡하지 않은 hostpot-yb-0.1.bb 예제를 설명할 것이다.

액세스 포인트 실행 스크립트

aplaunch.sh는 액세스 포인트 실행 스크립트이다. 이 스크립트는 systemd 스크립트에 의해 트리거 된다. 다음 주요 태스크를 수행한다.

- udhcp 데몬 실행
- hostap 데몬 실행
- iptables 설정을 위한 게이트웨이 설정 스크립트 실행

systemd 서비스 유닛 파일

ap.service는 systemd 서비스 파일이다. 이것은 보드 부팅시 액세스 포인트를 실행하도록 보드를 설정하기 위한 가장 간단한 systemd 유닛 파일이다. 다음은 간단한 파일 내용이다.

```
[Unit]
Description=WiFi Access Point

[Service]
WorkingDirectory=/lib/systemd/scripts/
ExecStart=/lib/systemd/scripts/aplaunch.sh

[Install]
WantedBy=multi-user.target
```

드라이버 모듈의 설정 파일

carl9170.conf는 드라이버 모듈의 설정 파일이다. 암호화 관련 일부 에러가 있었다. 이 에러를 피하기 위해, 하드웨어 암호화를 비활성화시킬 필요가 있다. 이것은 모든 경우에 관련 있지 않다. 다음 줄만 포함한다.

```
options carl9170 nohwcrypt=1
```

hostapd 설정 파일

hostapd.conf.yb는 hostapd 설정 파일이다.

패키지 관리자에 의해 설치되어 /etc/hostapd.conf에서 찾을 수 있다. 그것을
덮어 씌울 필요는 없다. 언제든 원본을 찾을 수 있게 하기 위해 설정 파일을 다른
이름으로 한다. 그 설정 파일로 다음 내용과 같이 가장 간단한 것을 사용한다.

```
interface=wlan0
driver=nl80211
ssid=YBAP
channel=1
hw_mode=g
auth_algs=1
wpa=3
wpa_passphrase=1234567890
wpa_key_mgmt=WPA-PSK
wpa_pairwise=TKIP CCMP
rsn_pairwise=CCMP
```

게이트웨이 설정 파일

setup-gw.sh는 게이트웨이 설정 파일이다. 일부의 경우 이것은 필요하지 않
다. 여기서는 다음 줄을 포함한다.

```
#!/bin/sh
iptables --table nat --append POSTROUTING --out-interface eth0 -j
MASQUERADE
iptables --append FORWARD --in-interface wlan0 -j ACCEPT
```

udhcp 설정 파일

udhcp.conf.yb는 udhcp 설정 파일이다. 필요에 맞게 설정할 수 있다. 일반적인 경우 이 파일을 사용한다. 이 설정 파일은 /etc/udhcpd.conf로 위치한다.

```
start 192.168.11.64
end 192.168.11.79
interface wlan0
max_leases 10
option subnet 255.255.255.0
```

udhcp 빈 lease 파일

IP를 임대하기 위해 udhcpd에서는 ucdhcpd.leases라는 빈 파일이 필요하다. 이것은 타깃의 루트 파일 시스템의 /var/lib/misc 디렉토리에 생성된다.

hotspot-yb_0.1.bb 예제 파일

예제를 한 줄씩 살펴본다.

- 가장 중요한 것은 6번째 줄에 `systemd` 클래스를 사용하는 것이다.

  ```
  inherit systemd
  ```

- 다음은 이 클래스와 관련된 변수를 설정한다. 변수의 집합에서 우선 서비스 이름을 설정하고 다음은 서비스를 활성화한다.

  ```
  SYSTEMD_SERVICE_${PN} = "ap.service"
  ```

- 설정 파일 목록은 `SRC_URI` 변수에 넣어 사용한다.

  ```
  SRC_URI = " \
    file://ap.service \
    file://aplaunch.sh \
    file://hostapd.conf.yb \
  ```

```
        file://udhcpd.conf.yb \
        file://udhcpd.leases \
        file://carl9170.conf \
        file://setup-gw.sh \
"
```

- 설치될 파일의 목록이고 다음 목적지에 파일이 설치된다.

```
install -d ${D}${sysconfdir}
install -m 644 ${WORKDIR}/hostapd.conf.yb ${D}${sysconfdir}
install -m 644 ${WORKDIR}/udhcpd.conf.yb ${D}${sysconfdir}
install -m 644 ${WORKDIR}/carl9170.conf ${D}${sysconfdir}/modprobe.d/
install -d ${D}${OPKGLIBDIR}/misc/
install -m 644 ${WORKDIR}/udhcpd.leases ${D}${OPKGLIBDIR}/misc/
install -d ${D}${systemd_unitdir}/scripts
install -m 755 ${WORKDIR}/aplaunch.sh ${D}${systemd_unitdir}/scripts/
install -m 755 ${WORKDIR}/setup-gw.sh ${D}${systemd_unitdir}/scripts/
install -d ${D}${systemd_unitdir}/system
install -m 644 ${WORKDIR}/ap.service ${D}${systemd_unitdir}/system/
```

- 최종적으로 패키징을 하기 위해 필요한 파일은 다음과 같이 패키징 태스크에 추가해야 한다.

```
FILES_${PN} += "${systemd_unitdir}/scripts ${sysconfdir}
${OPKGLIBDIR}"
```

hotspot-yb 활성화

hotspot-yb를 활성화시키기 위해 다음과 같이 packagegroup-yb-hotspot.
bb에 이 예제를 추가한다.

```
RDEPENDS_${PN} = " \
  hostap-daemon \
  hotspot-yb \
"
```

패키지 그룹 관리

다음과 같이 3가지 패키지 그룹에 모든 필요한 결과들을 나누어 놓았다.

- packagegroup-yb-develop.bb

- packagegroup-yb-hotspot.bb

- packagegroup-yb-surveillance.bb

다음과 같이 core-image-sato.bbappend에 모든 패키지 그룹을 추가함으로써 동시에 사용할 수 있다.

```
IMAGE_INSTALL_append = " packagegroup-yb-hotspot"
  packagegroup-yb-develop \
  packagegroup-yb-surveillance \
  "
```

하나의 커널에서 모두 동작하지 않는다는 문제에 부딪칠수 있다. 나는 시도해 보지 않았지만 같은 방식으로 카메라는 양쪽 커널 모두 동작할 것이라고 믿는다. 7장과 8장 모두 커널 3.12.30을 사용할 수 있다. 자 이제 시도해보자!

안드로이드 스마트폰에 연결하기 위해 필요한 절차를 알아본다. 다음 단계를 따라 클라이언트 디바이스에 연결하는 것에 대해 알아보자.

1. 비글본 블랙 보드를 부팅한다.

2. 다음 명령을 통해 활성화된 무선 동글을 확인한다.

   ```
   ifconfig -a
   ```

3. wlan0이 올라간 것을 볼 수 있어야 한다.

4. 클라이언트 디바이스에서 비글본 블랙 액세스 포인트 이름을 찾고 연결을 시도한다.

5. 안드로이드 스마트폰에서 고정 IP를 DHCP로 설정을 변경한다(비글본 블랙에서 DHCP 서버가 동작하고 있어, 유동 IP가 할당될 것이다).

알려진 문제점/기능 강화

여러가지 이유로 모든 문제를 해결하지 못했다. 이 이유는 다음과 같다.

- 가장 큰 이유는 시간이다.
- 이 문제의 대부분은 이 책의 영역 밖이다. 시스템 설정, 하드웨어 드라이버 구현(사용자가 수정할 수 있는), 네트워크 설정에 관련이 있다.
- 같은 목표를 달성하기 위해 connman 사용을 시도할 수 있다. 이것은 좀 더 간단한 구현이 될 것이다. connman 패키지는 이미 core-image-sato에 들어가 있지만 기본적으로 루트 파일 시스템에 들어가 있지 않은 connman-client 패키지에 있는 connmanctl이 필요할 것이다. 이 패키지들로 connmanctl enable wifi와 connmanctl tether wifi SSID Passphrase 을 실행하고 디바이스 연결을 시도할 수 있다.

다음은 알려진 문제점들이다.

- 서비스는 부팅할 때 실패한다. 상태를 확인하면 Active: inactive (dead) 를 볼 수 있다.
- 디바이스와 브라우저를 연결할 때 지속적로 일부 데이터가 손실되고 가끔 깨지기도 한다. 하지만 이것는 하드웨어 관련 문제이다. 이 책의 대부분의 리뷰어들은 자신의 하드웨어에서 이 문제들을 보지 못했다.

정리

이번 장에서는 비글본 블랙을 무선 핫스팟으로 사용하도록 구현했다. 이를 위해 커널 설정을 수정했고, 모든 설정 파일들을 관리하는 예제를 만들었다. 또한 sysvinit 스크립트 대신 systemd를 사용하도록 변경하였다.

찾아보기

에이콘출판의 기틀을 마련하신 故 정완재 선생님 (1935-2004)

BeagleBone Black을 사용한 Yocto 프로젝트

인 쇄 | 2015년 12월 11일
발 행 | 2016년 1월 4일

지은이 | 이르판 사디크
옮긴이 | 배 창 혁

펴낸이 | 권 성 준
엮은이 | 김 희 정
　　　　안 윤 경
　　　　오 원 영
표지 디자인 | 한국어판_이승미
본문 디자인 | 남 은 순

인쇄소 | 한일미디어
지업사 | 신승지류유통(주)

에이콘출판주식회사
경기도 의왕시 계원대학로 38 (내손동 757-3) (16039)
전화 02-2653-7600, 팩스 02-2653-0433
www.acornpub.co.kr / editor@acornpub.co.kr

한국어판 ⓒ 에이콘출판주식회사, 2016, Printed in Korea.
ISBN 978-89-6077-798-9
ISBN 978-89-6077-210-6 (세트)
http://www.acornpub.co.kr/book/beaglebone-black-yocto

이 도서의 국립중앙도서관 출판시도서목록(CIP)은 서지정보유통지원시스템 홈페이지(http://seoji.nl.go.kr)와
국가자료공동목록시스템(http://www.nl.go.kr/kolisnet)에서 이용하실 수 있습니다.(CIP제어번호: CIP2015033427)

책값은 뒤표지에 있습니다.